José Augusto Barboza
Ditado por Iran Hirór Férnom Akar-Yê

7
SETE
QUEIMADAS
O CAVALEIRO DO FOGO

MADRAS®

© 2017, Madras Editora Ltda.

Editor:
Wagner Veneziani Costa

Produção e Capa:
Equipe Técnica Madras

Revisão:
Jerônimo Feitosa
Neuza Rosa
Viviam Moreira

Dados Internacionais de Catalogação na Publicação (CIP)
(Câmara Brasileira do Livro, SP, Brasil)

Iran Hirór Férnom Akar-Yê (Espírito).
Sete Queimadas : o cavaleiro do fogo / ditado por
Iran Hirór Férnom Akar-Yê ; [psicografado por] José
Augusto Barboza. -- São Paulo : Madras, 2017.
ISBN: 978-85-370-1042-6

1. Mediunidade 2. Umbanda I. Barboza, José Augusto
II. Título.
17-01154 CDD-299.672

Índices para catálogo sistemático:
1. Literatura umbandista : Religiões
afro-brasileiras 299.672

É proibida a reprodução total ou parcial desta obra, de qualquer forma ou por qualquer meio eletrônico, mecânico, inclusive por meio de processos xerográficos, incluindo ainda o uso da internet, sem a permissão expressa da Madras Editora, na pessoa de seu editor (Lei nº 9.610, de 19/2/1998).

Todos os direitos desta edição reservados pela

MADRAS EDITORA LTDA.
Rua Paulo Gonçalves, 88 — Santana
CEP: 02403-020 — São Paulo/SP
Caixa Postal: 12183 — CEP: 02013-970
Tel.: (11) 2281-5555 — Fax: (11) 2959-3090
www.madras.com.br

Dedicatória

Dedico este livro a todos os irmãos do Centro Espírita Fraternidade Humana. Que Oxalá lhes seja bendito sempre e que a luz da Umbanda sempre brilhe no coração de todos.
Com carinho, "José Augusto".

Índice

Introdução 9
Prefácio 11
Prólogo...13
Capítulo I...15
Capítulo II 23
Capítulo III..33
Capítulo IV..43
Capítulo V 57
Capítulo VI..73
Capítulo VII...83
Capítulo VIII..95
Capítulo IX...101
Capítulo X 107
    A Sabedoria..107
Capítulo XI...115
    A Evolução...115
Capítulo XII 127
    A Geração..127
Capítulo XIII...137
    A Fé..137

Introdução

Assim resolvi intitular este livro, no qual tentarei resumir a história de minha alma milenar. Há pouco tempo ditei uma prévia de minhas passagens pela Terra, mas agora vou narrar os tempos incontáveis no âmbito do espírito. Não posso dizer inferno ou céu, pois tais estados são semeados no subconsciente de cada um. A mim, particularmente, não cabe nem um nem outro, dada minha experiência vivificada como um ser natural, ativo e pensante. Nesta prévia principiei no tempo em que fui um pseudomago dos templos maias, mas desejo me aprofundar um pouco mais, já que toda alma humana tem incontáveis anos nos anais da história terrestre.

O que eu espero com isso? Ensinar-lhes um pouco sobre o que é evolução e o que é realmente o sofrimento.

Esclareço ainda que alguns dos nomes que, porventura, forem citados são na realidade pseudônimos, pois em minha última passagem fui um grande jurista e a família que me acolheu ainda existe. Aliás, para evitar confusões jurídicas desnecessárias, não relatarei sobre esta minha última passagem pela Terra. Vamos nos ater apenas às experiências, os nomes são apenas nomes.

Por fim, desejo a todos uma boa leitura.

Sim... na Fé!

Prefácio

Conheço a Umbanda desde muito pequeno, e embora tivesse sido educado na religião católica e cumprido todos os preceitos característicos da religião, jamais deixei de me lembrar dos conselhos do preto-velho de papai ou então das palavras rústicas do Senhor Exu Brasa, que também fazia uso da mediunidade dele. Naquele tempo, ainda menino, assustei-me com um sonho que tive na véspera dos trabalhos aos quais eu acompanhava e dava assistência às entidades do meu genitor. Desse sonho eu só conseguia me lembrar de uma mão toda furada bem grande e negra. Acordei assustado, mas não revelei nada a ninguém. À noite, durante os trabalhos, o senhor Brasa me chamou e me alertou sobre o pesadelo. "Como ele sabe?", perguntei-me. "Eu sei". Respondeu ele em voz alta e clara. "Esta mão que viu é do seu compadre que quer trabalhar, mas você é muito novo ainda, mas o dia chegará."

De fato o dia chegou, mas até que isso ocorresse eu fiquei imaginando o nome dele: "Exu Mão Furada?", "Mãozinha, sei lá!". Dizia-me o tempo todo. Conheci o Espiritismo, então, e desenvolvi parcialmente o dom da psicografia.

O tempo passou até que reencontrei a Umbanda, quando fiz vários cursos doutrinários e de teologia, então nasceu meu primeiro livro: *Marabô, O Guardião das Matas,* e muitos outros eu recebi por intermédio do preto-velho. Enquanto isso, desenvolvi minha mediunidade e então o Senhor Exu Rei Tiriri me mostrou sua mão, revelando seu mistério. Foi assim que entendi o real motivo de ter saído do centro onde trabalhava e, após dois anos de afastamento, conheci o Centro Espírita Fraternidade Humana, no qual exerço minha caridade atualmente. Ali conheci o Pai Edimarcos do Espírito Santo e toda a família do centro, pela qual tenho muito carinho. Mas outra dúvida surgiu: "O que eu estava fazendo ali?". Eis que numa gira de desenvolvimento o Senhor Baiano Sete Queimadas me intuiu enquanto trabalhava em seu médium: "Escreva, Zé!". No dia seguinte, recebi uma prévia do que ele queria me passar e escrevi com muita honra, depois pedi a autorização do Pai Edimarcos para escrever esta história maravilhosa, o que me foi concedido. Foram dez dias de uma companhia agradável e de muita luz, período em que eu me dediquei ao máximo para não deixar passar nenhum detalhe.

Por isso, deixo registrado aqui meus sinceros agradecimentos ao amigo Edimarcos e toda a família Fraternidade Humana, de onde sei que muitas histórias estão por vir.

Reservo agora um espaço para o sacerdote que sempre me apoiou.

Gratidão.

José Augusto Barboza

Prólogo

Lembro-me de que quando era bem novo, com cerca de 3 anos de idade, eu ia ao terreiro do qual meus pais faziam parte. Muitas vezes, quando não tinha mais ninguém para ser atendido, a dirigente espiritual da casa incorporava uma entidade que se chamava justamente Sete Queimadas e vinha conversar comigo.

O tempo passou e meus pais assumiram a direção de um centro chamado Fraternidade Humana, e comecei a fazer parte da corrente mediúnica, onde aprendi a tocar atabaque e entoar os pontos. Mas nunca pensei que seria um médium de incorporação. Já adulto e casado, com minha filha recém-nascida, eu estava afastado das atividades do templo, pois estava residindo no interior paulista. Comecei a passar muito mal e muitas vezes tive que ser socorrido de ambulância. "Trata-se de nervosismo", diziam os médicos.

Sendo assim, decidi que seria melhor retornar a Santo André, no ABC paulista. Então, comecei a desenvolver minha mediunidade. As entidades começaram a dar consultas e passes, mas nada de baiano, apenas o boiadeiro fazia as vezes em ambas as engiras de baiano e boiadeiro, que se identificava como Boiadeiro Sete Lagoas. Até que, numa ocasião em que fomos ao santuário, eu recebi a irradiação diferente de uma entidade. Após os trabalhos, fui informado que era o Baiano Sete Queimadas e que, daquele dia em diante, ele iria trabalhar em mim. Confesso ter ficado com medo e a dúvida tomou conta de meu subconsciente, já que achava ser coisa da minha fértil imaginação. Pedi aos meus pais que verificassem a história, pois eles conheciam melhor a entidade do que eu. Ambos confirmaram tratar-se dele mesmo, além de algumas histórias que eu desconhecia até então.

Depois de tudo, resolvi estudar e me formar sacerdote, sempre atento às lições maravilhosas de meu companheiro espiritual, que me ensina e continuará me ensinando sempre. O Baiano Sete Queimadas passou a ser o responsável espiritual pelo desenvolvimento mediúnico da casa a qual dirijo com muito orgulho para o cumprimento desta missão que assumi carinhosamente.

Mas, ao término dos trabalhos de uma das giras, o filho José Augusto conversou comigo e me informou que seu Sete iria escrever sua história por intermédio dele e me pediu autorização para tanto. Eu apenas ri e consenti; afinal, se ele falou com meu filho, então está falado, respondi.

Espero que nas breves linhas deste livro todos tenham alguma noção do que realmente é sofrimento e que nosso planeta não foi feito para tirarmos férias.

Edimarcos do Espírito Santo

Capítulo I

Como ser encantado, ainda na coroa divina, fui gerado sob os cuidados do Sagrado Senhor Iiór Nar Xang Houm Hir Marar-Yê e de minha Mãe Eterna, a Senhora Iiá Yhier Manj Iiar-Yê. Por centenas de anos permaneci sob a mesma égide, até evoluir para o plano natural, no qual conheci a encarnação ainda em outro planeta evolutivo, onde foi implantada a dualidade em meu âmago. Assim evoluí naquele mundo abençoado, onde alcancei o grau de Mago da Luz Vermelha, no templo dos cristais rubros.

Nesse ponto de minha existência como espírito, a dualidade começou a ser implantada em todos os irmãos de missão, mas ainda não se podia definir-nos como raça humana, apesar de termos a forma humanoide. Então, começamos a experimentar a humildade e a soberba; o amor e o ódio; o ciúme e a vaidade, etc. Consequentemente, começaram a surgir os primeiros magos ligados à força negra que habitavam o submundo, ao qual a maioria de nós não tinha acesso. A dominância começou a fazer parte do cotidiano desses seres odiosos, onde tudo o que importava era o domínio total do poder.

O fato é que, até essa época, vivíamos em total harmonia com a Natureza, saboreando o dom maravilhoso de podermos nos comunicar com as divindades quando quiséssemos, e para isso bastava apenas ir até o local sagrado inerente a cada uma delas e orar que elas nos surgiam e nos atendiam com amor. Mas quando esse cataclismo espiritual ocorreu não mais tivemos acesso a esse recurso, o que de certa forma nos frustrava o coração. Porém, fomos avisados com alguma antecedência que isso ocorreria. A mim, particularmente, quem alertou foi meu Senhor Iiór Xang Houm, em palestra que Ele mesmo convocou. Obviamente eu compareci, não só eu, mas todos os que foram gerados d'Ele e a Ele prestavam contas:

– Filhos amados: venho lhes comunicar que brevemente, por determinação de nosso amado e todo-poderoso Senhor do alto, do altíssimo, não poderemos mais nos comunicar pessoalmente, como agora estamos fazendo. Não só Eu, mas todos os senhores e as senhoras do Setenário Sagrado. Este planeta que ora habitam logo passará por transformações, assim como os senhores. Sua missão sagrada será trabalhar e evoluir para que tornem a nos ver de forma natural e, então, possam conduzir outras centenas de milhões de almas ao berço sereno de nosso eterno Pai. Assim está escrito e assim será.

Dito isso, Ele se desfez em uma nuvem e nunca mais o vimos naquele planeta.

Milhares de anos se passaram e nós, seres encarnados, a partir de então tivemos que galgar os degraus frios da longa escadaria da evolução.

No meu caso particular, desde que os templos de cristais foram sumariamente extintos, fiquei sem referências. Era um ser natural, iniciado na origem e formado no mais alto grau das magias, mas de que isso me valeria? Simplesmente fui entregue à própria sorte, vivendo as experiências da carne.

Quando assumi meu primeiro corpo, que era mais ou menos de feições humanas, por assim dizer, comecei a sentir coisas que nunca havia experimentado, como, por exemplo, o amor e o ódio, a paixão, o ciúme, a vaidade, o orgulho e a ganância. Tudo isso me arrebatou a memória ancestral de um ser divino. A dualidade finalmente fincou suas raízes e não havia mais como desfazer. Foi a única vez em minha história, pelo menos até onde me lembro, que não houve opção de livre-arbítrio. O fato é que agora eu estava vivo, ativo e pensante num corpo físico estranho e cheio de mazelas. O que fazer?

Também por essa época tive meu primeiro contato com um ser espiritual que tentava se comunicar mentalmente comigo, mas a mente ainda primitiva me impedia de ouvir seus conselhos benditos. Deixei que o rio caudaloso da vida seguisse seu curso, buscando razões para viver, muito embora inconscientemente. Nessa primeira experiência carnal, fui integrado a uma família muito alegre, unida e inocente. Eu era o único filho homem de um total de cinco filhos, e o mais novo também. Papai se orgulhava de mim e me levava junto em suas andanças na busca pela sobrevivência. As disputas territoriais eram intensas, pois a caça era cada vez mais escassa e os perímetros eram rigidamente vigiados.

Conforme o tempo foi marcando seus anos em minha vida, fui percebendo que aquilo era muito pouco. Apenas caçar para comer não deveria ser a única forma de sobreviver, assim como colher o que já estivesse plantado. Deveria existir alguma forma de fazer com que as plantas renascessem sem que precisássemos nos mudar daqui para acolá constantemente. Até que finalmente descobri o segredo do plantio e a vida se tornou mais perene. Assim, meu pai tomou para si um território e começamos a cultivar plantas e criar animais. Muitos outros chefes de clãs fizeram o mesmo e a evolução tomou um rumo diferente a partir de então.

Casei-me e formei minha família, consequentemente descobri a paixão. Então, passei a almejar todas as mulheres que estivessem ao meu alcance, até perceber que a minha própria mulher se entregara a outro homem que ainda não se podia chamar de humano, pois se tratava de outra espécie ou raça, mas, por falta de palavras nos dicionários atuais, vamos deixar assim para simplificar. Eis que meu coração se encheu de ódio e eu cometi meu primeiro erro. Matei o pobre juntamente com a mulher com quem me casei, sem dar ouvidos à razão e ao mentor que tentava se comunicar. O instinto primitivo foi mais forte. O rastro de destruição que deixei nessa primeira experiência encarnatória foi tão extenso que é melhor não enumerá-lo. Desencarnei de forma igualmente brutal e como ainda não havia o umbral ou coisa do gênero, pois esse é apenas um estado exclusivo da alma humana, de imediato fui reinserido na vida novamente. Mas antes fui advertido pelo mentor, que me mostrou as diretrizes divinas e como deveria agir. Naqueles tempos a minha alma podia trazer na memória os planos a serem executados após o reencarne, contudo não sei precisar se esse recurso era exclusivo a mim ou a todos que ali habitavam. Então regressei um pouco mais consciente do que haveria de ser feito, mas os erros permaneceram latentes no subconsciente e a culpa começava a pesar na alma, afinal ceifar vidas e se entregar aos deleites da promiscuidade não são atos bons aos olhos do Pai Eterno, e nunca foram. Mas a fatalidade novamente se fez. Abandonado pela família, diante da fome e da miséria, em vez de me resignar e seguir os planos combinados, me entreguei ao latrocínio para sobreviver. Fui arrancado da carne cruelmente de novo. E novamente regressei; desta vez aleijado. Não havia diferenças significativas como há hoje na humanidade. Ou seja, ninguém tinha religião ou conhecimento religioso, não havia diferenças de cor ou raça, etc. Todos eram quase iguais, apenas uns eram mais amorosos, gentis e prósperos, enquanto outros eram mais perversos. Creio que, em virtude de a alma ainda estar em evolução, não se tinha criado um plano maior. Então lá estava eu, abandonado no meio da praça, um reles pedinte a quem ninguém dava ouvidos; este era o preço que estava pagando pelos meus erros e tudo me passava pela mente de forma tão cruel que eu quase não conseguia dormir. Então, num dia pela manhã, um humilde senhor se apresentou no meio da praça e começou a falar de um mundo melhor e outras coisas que enchiam meu coração de esperança e me traziam alento durante as noites frias. Muitos plêguros (esta seria a palavra mais aproximada para designar aquela civilização) paravam para vê-lo falar e ele recitava com maestria seus poemas de amor e paz. A evolução começou a tomar forma no planeta e os planos foram aos poucos se adequando sem que soubéssemos exatamente o que seria de nós. Dessa forma, após vários anos de sofrimento e miséria, sucumbi e me vi subjugado pela fome. Mas, como disse antes, a reencarnação se fazia quase imediatamente e o trabalho incansável dos Senhores do alto se dava de forma apressada.

Nova oportunidade se fez então e desta vez eu estava mais seguro de meus objetivos. Meus dons de magia e cura despertaram dentro de mim e eu comecei a curar e auxiliar muitos irmãos necessitados de carinho e atenção, seguindo o exemplo daquele velho, que se tornou meu parceiro. Viajávamos longas distâncias para pregar e realizar o trabalho a nós traçado pelos mentores, que então passaram a nos orientar.

Oito milênios se foram dessa forma, contando o tempo aqui da Terra, é claro. Porém, os morticínios e demais erros do passado não passaram em branco. O ódio semeado haveria de ser colhido, muito embora essa não fosse a vontade suprema. Mas o que haveria de se fazer? O mal já estava feito! Eu sabia que naquele plano evolutivo nada poderia ser feito, já que ainda não havia o recurso do resgate cármico e outros mecanismos encarnatórios e, como disse anteriormente, são exclusivos da dimensão evolutiva humana. Para os pléguros, este privilégio ainda não estava ao alcance.

Eu já havia dominado a dualidade em mim, de forma que o veneno da maldade já não fazia mais efeito. Tudo que queria era me livrar do peso da consciência que me afligia mais e mais, conforme os dias se passavam. Mas como semear o perdão no coração endurecido dos irmãos aflitos e ávidos por vingança? Mal sabia eu que os erros, falhas e pecados não foram exclusividade minha, mas de muitos milhões ou até bilhões de almas, que viviam se digladiando em profusão, morrendo e reencarnando, sem que se produzisse nenhum efeito positivo ou evolutivo significativo. Claro que muitos dos pléguros que eu havia assassinado no passado ou feito algum outro mal eu consegui rever e até doutrinar, me servindo dos poderes que tinha, mas nem mesmo isso lhes serviu para abrandar a alma vingativa. Algo precisaria ser feito. Mas o quê?

Estávamos eu e Jaharnir andando em meio à turba, nos preparando para realizar nosso trabalho, quando de súbito o parceiro subiu no pequeno palanque improvisado na parede de um poço e começou a falar de maneira estranha:

– Vejam todos, preparem-se para a nova era que se apresenta no horizonte de nosso mundo, que está prestes a se acabar. Não se detenham em mesquinharias inúteis. Busquem a felicidade em si mesmos e se resignem enquanto ainda há tempo, pois o tempo do Pai está próximo e um novo mundo está sendo preparado para a nova vida. Há os que aqui permanecerão, mas os que não se arrependerem serão banidos e entregues aos cuidados do novo governante. Tudo está preparado... Arrependam-se!

Depois de dizer essas coisas ele caiu em desmaio e eu o socorri tentando despertá-lo. Em breves minutos ele se recuperou e me olhou aflito:

– O que disse, irmão Jaharnir? De onde tirou tantas ideias absurdas?

– Hirór, ouça o que lhe digo: toda a iniquidade deste povo imundo será tirada a limpo, mas não aqui neste planeta bendito. Uma nova era está por vir e pelo jeito nós não estamos isentos, brevemente partiremos. Uma nova terra nos aguarda e quem me avisou foi o próprio governador, que é um grande Senhor da Luz Cristalina. Ele regerá nossa nova vida pela eternidade, até alcançarmos a ascensão que o Senhor todo-poderoso deseja.

Assim se foi o tempo da civilização plégura, que ainda existe, mas com o nome de Civilização Humana, onde eu me inseri por livre e espontânea vontade, juntamente com meu irmão Jaharnir. E o que vivi vocês verão a seguir.

Capítulo II

Incontáveis milênios se passaram sem que a alma evoluísse. Os sentimentos mesquinhos ainda dominavam as mentes descuidadas da civilização inteira. Apenas alguns espíritos iniciados na origem se deram conta dos efeitos negativos que a dualidade pode causar, se não for tratada com o devido respeito.

Então uma parte dos irmãos mais evoluídos, espiritualmente falando, partiu para a nova Terra, a fim de preparar o terreno para que a ordem suprema fosse executada. A Terra deixou de ser um simples planeta. Famílias inteiras, que carregavam no âmago da alma infeliz alguma relação com o passado errôneo, instalaram-se em corpos humanos pela primeira vez e a primeira civilização se formou. Não nos cabe dizer se esta seria a Babilônia ou os Jardins do Éden, como se relata nos anais da história, e também não é nossa intenção mudar nada do que está escrito. Mas que era uma civilização bem-sucedida e feliz, isso era. Então, o cataclismo se fez. E nossos predecessores partiram para outro plano evolutivo no planeta que se tornou o porto seguro de todas as almas: Capela.

O novo governante assumiu seu posto e nosso planeta passou a ser de expiação e provas.

Este foi meu destino.

Depois que sete irmãos presenciaram todas as mudanças físicas, a partida dos ascencionados e, consequentemente, a queda dos milhões de almas advindas de nosso planeta, um deles ficou incumbido de reger e direcionar a humanidade no caminho correto, e eu assumi meu primeiro corpo carnal, num tempo tão distante que é quase impossível mensurar. A diferença é que desde então não pude mais me recordar da missão a mim delegada enquanto estivesse na carne.

O planeta se apresentava maravilhoso, pois as matas eram intocadas. Os animais eram muito numerosos e podíamos sentir as forças naturais das divindades, quase podíamos vê-las.

Foi numa tarde serena, quando eu estava sentado à beira-mar, num encontro íntimo com a paz que se aninhava em meu coração em pleno silêncio, que a mente principiou a vagar por esse passado oculto no mais profundo abismo da alma. Conduzido pelo mentor, não hesitei e aceitei o convite. As lembranças foram tantas, algumas boas, outras ruins, porém todas de suma importância para minha evolução.

Resolvi anotar tudo e, por isso, nasceu este livro.

Minha saga principiou quando fui enviado do planeta que narrei no capítulo anterior, onde vivi desde minha criação como alma, no interior do Setenário Sagrado.

Naquele tempo não se contavam os meses e os anos na Terra, apenas dias e noites. As estações não tinham nomes, eram conhecidas apenas pelas características, como frio, folhas que caem, florada e tempo quente. Os pássaros e outros animais silvestres é que nos sinalizavam o início e o fim de cada uma, e tudo era muito primitivo. Quando aqui aportei pela primeira vez, fui gerado no ventre de uma mulher muito amorosa que vivia num clã de homens deveras ignorantes. A comunicação era muito confusa e tudo era muito rústico, como dormir em cavernas, as vestimentas eram feitas com peles de animais, assim como as ferramentas e armas de caça. O que se pode tirar de proveito dessa encarnação? Perguntava-me. A resposta veio logo. Naqueles corpos que pareciam inanimados, as primeiras almas pensantes se instalaram e o estágio evolutivo daquele povo se alterou como por encanto. Nós, almas inteligentes, começamos a criar os primeiros mecanismos facilitadores da vida, como a roda e o fogo, por exemplo. Os animais começaram a ser domesticados e as plantações surgiram por todos os lados. Assim como também surgiram aldeias, cada qual com seus líderes. Passamos a construir cabanas e deixamos de nos vestir só com peles. Enfim, a inteligência se instalou no corpo humano de forma que a vida na Terra deixou de ser animalesca.

Eu, por minha vez, buscava algo mais que a simples vida nas selvas ao redor daquele lugar. Possivelmente, a lembrança dos tempos vividos noutro mundo me fizesse contemplar a Natureza com os olhos da alma condenada e aflita.

Mas as doenças também se alastravam por todos os cantos e era preciso muito cuidado para não ser infectado por uma delas. Contudo, de que forma isso poderia ser feito? A necessidade de cura era urgente e foi justamente nesse ponto que minha encarnação foi útil.

Desde jovem despertei em mim a curiosidade sobre a fisiologia do corpo humano. Subentende-se aqui que tal ciência estava longe de ser compreendida, quanto mais sua denominação. Eu não sabia por onde começar, mas a obsessão tomou conta de mim, principalmente depois que perdi minha mãe e mais dois irmãos. Eu vagava pela floresta buscando o entendimento, mas, quanto mais eu tentava entender, menos eu aprendia. Os corpos eram queimados em embarcações frágeis lançadas ao mar, após os rituais dirigidos por anciãos, que eram raros. Portanto, eu não dispunha dos corpos para estudar com clareza os órgãos internos, e tudo que eu tinha era o meu próprio corpo e eu o apertava, como a querer entender como se processava a evolução da praga dentro dele. Onde era produzido o bolo fecal? E a urina? Até mesmo o líquido espérmico me causava curiosidade, e não acho que seja necessário dizer como consegui uma amostra, mas o que era aquilo? E para que servia?

Até que, numa manhã fria de outono, entrei pela mata investigando as folhas secas dos arbustos, e sem querer uma folha se agarrou em minha mão e eu não conseguia me livrar dela, quando escutei passos em minha retaguarda. Assustado, me virei rapidamente para ver quem era e o que vi me deixou pasmo. Um ser de feições arbóreas me olhava fixo nos olhos e sugeriu, num gesto com as mãos em forma de folhas, que eu comesse a folha. Receoso, atendi ao pedido do novo amigo e percebi que o gosto era bom, apesar de um pouco amargo. Em seguida, me convidou a segui-lo. Caminhou com segurança e destreza por um atalho estreito que eu desconhecia, mas que surgia à medida que ele avançava. Em determinado ponto ele parou e me apontou outro arbusto rente ao chão, apanhou algumas folhas e me deu, pedindo que eu as armazenasse em minha roupa. Assim seguiu, colhendo folhas de variadas espécies, até que chegamos a uma fonte de água, que eu também desconhecia. Com extrema habilidade e rapidez, subiu em um coqueiro próximo e apanhou um fruto temporão, que quebrou e em seguida limpou, me dando o conteúdo para que eu degustasse e eu achei muito agradável. Depois, pediu que eu lhe desse as folhas colhidas e as colocou no interior da casca, misturou com água e macerou com um pequeno pedaço de pau.

Capítulo II

Então, me falou na mente para que eu fervesse a mistura por dois ciclos e depois desse aos doentes, pois, como disse antes, não se contavam horas naquela época, e os ciclos eram conhecidos pela sombra que surgia ao redor de um galho seco fincado na terra. Atendi solícito, mas tratei de verificar e memorizar as espécies colhidas no caminho de volta à aldeia. Chegando em casa, fiz uma pequena fogueira, mas deduzi que a casca queimaria se colocada no fogo. O que fazer então? Nós ainda não tínhamos panelas nem tachos ou qualquer outro tipo de utensílio. Novamente fui socorrido pelo amigo espiritual que me surgiu de forma inesperada. Meu pai estranhou o fato de eu estar falando sozinho.

– Está louco, rapaz? Deu de falar com as moscas?

– Desculpe, senhor, estava apenas pensando alto!

– O que pensa que está fazendo, filho? Há tempos andas com esta casca em círculos. Doenças não têm cura, mas a loucura tem...

– Preciso esquentar esta mistura, mas não sei como fazer, pois se puser isso no fogo logo ele queimará!

– Então vá à aldeia vizinha, os Meltzabar fazem umas coisas que podem ajudar você!

Sem hesitar, corri para lá e, quando cheguei, reparei que nossos vizinhos faziam panelas de barro e mais alguns utensílios para cozinhar, talvez como herança de nossas vidas regressas. Mas para conseguir um tive de prometer algo em troca. Percebe-se que, consequentemente, o comércio também teve início. Porém, o que eu poderia oferecer? Tive uma ideia de súbito e me vali de minha habilidade como caçador. Corri para a campina próxima e abati um cervo, que troquei pelo pote de barro de que tanto precisava. Então, retornei rapidamente e fiz o que o amigo espiritual me pediu. Aguardei pacientemente a fervura e fui mexendo a mistura pelo tempo necessário. Por fim, obedecendo a orientação do professor invisível, apanhei um pouco do líquido e o ministrei a uma anciã que estava muito doente e moribunda. Permaneci ao lado dela a noite toda com dedicação, ministrando a solução conforme o mentor solicitava. Então, ela adormeceu suavemente, quando amanheceu já estava mais disposta e ao final de três dias estava curada.Todos ficaram admirados com tal prodígio e logo a notícia se espalhou por todos os cantos em tal proporção que fiquei assustado. Papai se orgulhou de mim e tratou de construir uma cabana para que eu pudesse atender os que me procuravam sem incomodá-lo. Seguia sempre a orientação segura da entidade, sem saber que se tratava de um espírito. Sua linguagem era estranha e o mais estranho ainda é que eu o entendia, respondendo no mesmo dialeto, que há muito se perdeu, pois não se trata de nenhum dos idiomas conhecidos nos dias atuais.

Contudo, mais uma vez me deixei levar pela maldade da alma ainda ignorante. As curas se realizavam, mas no despertar da plenitude masculina comecei a me valer desses benefícios e não perdia a oportunidade de cobrar pelos serviços prestados. Às vezes com mercadorias e muitas outras com favores femininos. Esta atitude execrável me rendeu a ausência do querido mentor, ao qual eu vi pela última vez aos prantos, quando implorava para que eu não fizesse aquilo, mas como dominar as forças da dualidade? As delícias que os prazeres proporcionavam, aliados à satisfação do ego sustentado pela vaidade da alma, me dominaram e eu me deixei levar. Quando não recebia nada em troca, simplesmente abandonava a causa e o pior acontecia.

Nesse momento fiz uma pausa em minhas lembranças para enxugar as lágrimas inevitáveis. E num arroubo de coragem prossegui, mudando de posição, como a querer me esconder da vergonha, quando o mestre me acudiu com ternura, acariciando-me as costas com suas mãos macias e amigas me dizendo:

– Não se detenha a esses detalhes imundos. Ainda há muito a ser visto...

Cerrei os olhos e me vi flutuando rumo àquele passado obscuro.

No auge de minha masculinidade e sem referências positivas, possivelmente por ter perdido minha mãe ainda novo, dei vazão a toda podridão que a vaidade desequilibrada proporciona em larga escala. Logo outros irmãos de missão começaram a surgir, mas eu queria ser o único, não poderia haver concorrência em meu território. Com isso, armado no subconsciente, comecei a tramar contra os inimigos de minha fama.

Por essa época me apaixonei por uma mulher tão vil quanto eu. O prazer que ela me proporcionava se aliou à maldade, levando meu espírito ao caos inevitável e, após anos e anos de maldades inenarráveis, aterrissei no mais profundo umbral de minha alma condenada.

Não sei se precisaria dizer, mesmo assim vou esclarecer, que o abismo infernal difere de alma para alma. No meu caso foi extremamente doloroso, já que não era a primeira experiência nesse estado deplorável. A própria existência na Terra já caracterizava isso. A escuridão me causava pânico, como quem leva uma pancada forte na cabeça e não sabe de onde ela veio. Aliado a esse fato, comecei a ver alguns vultos odiosos vindo em minha direção, com bocas enormes e disformes querendo me devorar. E tudo mais que se pode esperar de um lugar assim, e que a literatura atual já dá uma vaga ideia do que atravessei naquele abismo. Incontáveis anos de sofrimentos e aflições infindáveis se passaram. Nada que eu fazia me acudia. A ignorância religiosa e a descrença em algo superior agravava a situação, e me vi ali recolhido a um canto daquela caverna malcheirosa, totalmente apavorado, sem lágrimas para chorar, sem corpo, nem dor nem ar para respirar. Mas o que eu poderia fazer? Sabia que de alguma forma eu permanecia vivo, ativo e pensante, mas como? Quem haveria de me socorrer? Naqueles anos eu não acreditava que alguém seria tão idiota a ponto de enfrentar meus demônios para me tirar dali, afinal, se eu não enxergava nada, logicamente ninguém iria me ver. Mas o quê? Quando menos eu esperava, algo me atingia na face de forma cruel e estúpida.

– Arrependa-se, imundo...

– Covarde, não tem coragem de ver o que fez comigo?

– Toma aqui, seu demente, este feto, fruto do aborto que me causou!

– Quer sexo? Venha buscar...

Essas coisas eu ouvia o tempo todo, claro que com palavras não tão brandas, acompanhadas de adjetivos que me reduziam ao nada absoluto, e nada mais havia em mim senão arrependimento e dor. E quando atingi esse estado fui arrancado dali, como uma folha que é tirada do galho. A pouca luz que consegui ver me ofuscou completamente a visão, e um ser esfumaçado surgiu em minha frente. Mas, à medida que foi desembaçando, a entidade foi se revelando e sua forma cadavérica me deixou ainda mais apavorado, tanto que desejei voltar a não enxergar. Mas fui forçado a fitar aqueles olhos profundos e negros, pois sua mão forte segurava minha garganta. O ser me fez mergulhar no passado infame e depois me disse em tom firme:

– Percebe agora o mal que causou, imbecil? Mas o tempo por aqui será longo e não haverá nada que me faça descumprir o que nosso Pai ordenou. Você haverá de evoluir e ser justo, e pare de se amedrontar comigo, não é a mim que deve temer, mas a si mesmo, seu infame indolente. Se desapontar novamente meu amigo Narhoór, experimentará tormentos ainda maiores. Por pouco não foi capturado por um dos guardiões da Lei, e todo o plano traçado a você se transformaria num simples ovoide que eu teria de carregar como um fardo aos pés do Criador para ser restituído. Vou lhe recompor e lhe pôr na carne novamente, porque esta é a vontade de seus mentores, senão seria um prazer tê-lo como um escravo por alguns anos. Mas ainda é cedo para aprender como são as coisas por aqui.

– Criador? Quem é este Narhoór? Se é que me permite perguntar.

– É justamente isso que irá aprender em sua nova vida na carne!

Nesse instante ele me soltou e eu fiquei aliviado por não olhar aqueles olhos em chamas. Depois me entregou aos socorristas que aguardavam do lado externo daquele recinto. Em instantes já estávamos em outro lugar ainda mais iluminado, semelhante a uma clínica, muito limpa, organizada e silenciosa. Alojaram-me numa das salas, onde ministraram vários medicamentos, que muito tempo depois descobri que não se tratavam de remédios, mas de fluidos energéticos que me reconstituíram as feições humanas, e então fui reintegrado à vida, sem perguntar se eu queria ou não ou em que termos isso se daria.

Capítulo III

Ainda no leito do posto socorrista, senti a presença adorável de meu antigo companheiro, que me tocou a face de maneira carinhosa, sem dizer nada. Apenas me olhava. Suas feições estavam ainda mais verdes e a compaixão exalava de suas folhas brilhantes como a querer me envolver com elas. Queria pedir perdão, mas as palavras simplesmente não saíam.

Passamos algum tempo juntos em silêncio absoluto, até que num instante que parecia estar planejado recebi uma dose de uma substância que me deixou em choque e senti meus membros se atrofiarem aos poucos. Em poucos minutos já estava me retirando do útero pelas vias naturais.

Renasci ainda num tempo primitivo por assim dizer, pois a civilização como a conhecemos ainda não existia, mas a humanidade já se encontrava em passos adiantados de evolução, bem diferente da que vivi a primeira vez. Fui integrado a uma família de escravos de uma dinastia muito distinta e respeitada. Os campos de plantações eram gigantescos, portanto todos que nasciam fora dos palácios da nobreza eram destinados ao trabalho sem direito a nada. E assim se fez. Mamãe trabalhava comigo em suas costas sem reclamar. Ela notava algo a mais em mim, mas não dizia nada, por medo de ver minha vida em perigo. Papai a acompanhava de longe e, apesar de ser um bom trabalhador, era descuidado com a saúde e bebia demasiada-mente, mas nem por isso deixava de ser carinhoso comigo e com sua companheira. Resignados, os dois seguiam sua jorna-da sem reclamar, como os outros faziam. As condições eram terríveis. Não havia higiene e nenhum cuidado era tomado com o corpo. A água que se tomava era apanhada no rio ou então da chuva mesmo. Raramente alguém se banhava e não se tinha a menor noção de saneamento. Inevitavelmente as doenças se alastravam, mas os luxuosos palácios permaneciam intactos. Foi nesse ambiente que fui criado.

Era o ano 1006 a.C. mais ou menos, não sei precisar com exatidão, e a civilização era a chinesa. Havia a crueldade, mas muita sabedoria também, e principalmente a disciplina. Os aldeões idolatravam o imperador como se fosse um deus ou ainda mais elevado. As batalhas pelo poder se propagavam em proporções alarmantes. Em meio a esse turbilhão eu sobrevivi e me desenvolvi, me tornando um serviçal ainda menino. Sub-misso e ignorante, percebi com o passar dos tempos que um dom em mim desabrochava, mas permanecia incógnito, até que vi minha mãe doente. Senti que algo precisaria ser feito, mas não sabia o quê. Segui o instinto enraizado no subcons-ciente pela experiência do passado e consegui pilar uma poção de remédio de raízes e folhas. As mãozinhas frágeis manipula-vam aqueles ingredientes com tamanha maestria que despertou a admiração de papai, que tentou me ajudar, mas eu dispensei seu auxílio de forma gentil, pois sabia que seu estado ébrio não era adequado para tanto. Depois do preparo, dei a mistura em porções pequenas à mamãe, enxugando seu suor e resfriando seu corpo com panos úmidos. Até que ela se recuperou e ficou completamente curada. E quando ela saiu da velha cabana to-dos se admiraram, já que estavam esperando sua morte, que

Capítulo III

aos olhos dos anciãos era inevitável. A notícia se espalhou nos moldes de um milagre, até que bateu nos portões do palácio imperial. Então fui imediatamente convocado para me apresentar ao imperador, pois sua sétima esposa sofria do mesmo mal. Do mesmo modo a tratei e foi curada. A partir daí recebi roupas nobres e fui liberado da escravidão, mas devia estar sempre à disposição do imperador, o que dava no mesmo. Dessa forma, eu e minha família passamos a morar em melhores condições numa das moradas do enorme palácio.

Lá tive melhores condições de estudar mais a fundo as plantas e suas propriedades e não me detinha em ajudar a quem quer fosse. Mas de onde vinha meu dom? Eu me perguntava sempre. Mamãe me olhava admirada e sempre me dizia que eu era o escolhido, e esse era o meu nome: Suo Xuanzé.

Mas numa noite fria de inverno, quando eu estava distraído preparando um de meus remédios, senti uma presença forte junto de mim e pela primeira vez, naquela vida, eu vi meu mentor a me orientar e sorri, mesmo sem saber por quê.

– Quem é você, caro amigo?

– Sou Narhoór, filho, e nos conhecemos há muito tempo.

– Não duvidarei de suas palavras, senhor. Será que meus dons têm a ver com este nosso relacionamento milenar?

– Claro, e por que não?

– Nesta terra imunda e isolada, como eu iria adquirir tantos conhecimentos com tão poucos recursos...

– Muito há de ser revelado filho, isso é só o começo. Eu estarei sempre ao seu lado, não se esqueça.

E se retirou, talvez por sentir que alguém se aproximava. Mantive segredo daquele breve diálogo e não me dei conta que não falamos o idioma chinês ou mandarim. Só depois é que percebi. Assim outra dúvida se apresentou e eu a anotei para poder esclarecer em outra oportunidade. Então, bateram na porta e eu fui atender pensando que fosse alguma emergência, porque afinal já era tarde, mas era apenas meu pai, com os olhos vermelhos. E, como sempre, embriagado.

– Diga o que quer papai, já é tarde. Por que não dorme?

– Preciso lhe falar sobre seu casamento, filho.

– Por qual razão se preocupa com isso agora?

– Ora... – disse cambaleando. – Todo homem deve pensar nisso um dia e eu me preocupo com você!

– Está bem, mas podemos falar pela manhã, agora estou ocupado.

– Não, quero que seja agora. Já tenho a mulher ideal para você, e com ela deve se casar...

– Não acha que isso seria escolha minha ou da dama em questão?

– Não, nossa tradição não é assim, você sabe disso. Eu já arranjei tudo e amanhã conhecerá sua esposa. Assim eu disse, assim será!

Meneei a cabeça negativamente, mas me mantive calado, como a consentir com tal absurdo. Afinal, eu devia respeito ao genitor, que não podia ser afrontado.

Esqueci até o que estava fazendo e me recolhi para dormir, mas demorei a adormecer, já que a mente estava inquieta.

Durante a noite tive um pesadelo e acordei assustado. Nele me vi diante de uma serpente com presas enormes, que me abocanhou deixando uma ferida no coração. Fiquei aflito e não consegui mais dormir, até que ao alvorecer fui socorrido pelo mentor, que se apresentou calmamente.

– Está aflito com o sonho que teve?

– Sim, mestre. Fiquei tentando desvendar o mistério nele oculto.

Capítulo III

– A mulher que irá desposar é uma velha conhecida e deve tomar muito cuidado para não se deixar envolver.

– Velha conhecida? Não entendi!

– Sim, mas isso é um mistério que não lhe cabe entender, mas aceitar. Apenas proteja-se das armadilhas dela e viverá em paz.

Assim se fez.

Ao amanhecer fui conhecer minha futura esposa, pela qual me apaixonei instantaneamente, e confesso que não entendi o motivo de tanta paixão, só que não demonstrei. Mantive-me firme, obedecendo à advertência sábia do mentor. Uma grande festa foi preparada, pois afinal eu não era mais da ralé, e os pais da noiva eram comerciantes bem conceituados na região, e logo percebi o porquê do casamento arranjado. Papai devia algum dinheiro ao pai da moça, fruto do vício que o aprisionava. Assim, para compensar o dote, negociou a dívida. Famílias patriarcais eram assim na época. Percebi que mamãe sofria com a escolha, até parecia que ela sabia sobre meu pesadelo, mas nada dizia. Apenas se recolheu ao seu tear e se limitou a cantarolar, como sempre fazia. Mas será que ela também percebeu minha paixão repentina? Perguntei-me curioso. Ela me acenou com um leve sorriso, como a afirmar que conhecia meu sentimento. Num breve momento a sós, ela se dirigiu a mim, com extrema afabilidade:

– Meu filho Suo Xuanzé, você é meu predileto e sempre será, e por isso reconheço em você cada lágrima e cada sorriso. Sei que a paixão armou seu bote e mirou diretamente seu coração, mas não se deixe levar sem ouvir a razão. Eu o amo e sempre amarei e estarei sempre disposta a acolhê-lo e quero que seja muito feliz. Não abandone sua missão em nome do amor e da paixão. Vá em paz.

– Por que sou assim tão predileto, mamãe? Meus irmãos são tão carentes de atenção quanto eu!

– Filho querido, há coisas que nem o coração explica. Seu irmão segue o caminho do pai e vive bêbado e sua irmã é uma adorável companheira e eu a amo tanto quanto a você, mas você foi o primeiro, e desde o momento em que veio ao mundo eu percebi que tua Luz brilharia, conforme agora. Eu não quero que ela se apague. Apenas isso.

Abracei minha mãe naquele momento de ternura e respeito com muito carinho e me despedi satisfeito. Ela voltou aos seus afazeres cantarolando suas cantigas de esperança, quando papai entrou esbravejando, solicitando as carícias da companheira e ela o atendeu submissa e servil, como era comum a todas as mulheres da época. Até quando? Perguntei-me. Se o velho ainda fosse jovem e viril até que eu me resignaria, mas naquele estado!

Bem, o fato é que o dia do casamento chegou e tudo estava pronto. Assim se consumou, depois de longa e entediante cerimônia em que ouvi pela primeira vez a palavra "deus". O que vem a ser esse deus? Indaguei-me silencioso. O imperador e suas esposas se sentavam no alto do pátio, enquanto os demais convidados se acomodavam bem abaixo e nunca dirigiam o olhar a ele, isso era proibido. Quanta idiotice. Mas, enfim, as bênçãos finais foram dadas e me retirei junto de minha mulher, apressado. Na sala nupcial, ofertada pelo sumo monarca, conheci pela primeira vez o prazer do contato feminino e com tamanha voracidade que parecia que um rio de lava quente corria dentro de mim, e me deixei levar pela luxúria, e parecia que estava sendo correspondido. Foi uma noite de sede insaciável e muito ardor. Só que as noites se seguiram e a paixão só aumentava, e eu não me lembrei das advertências do amigo espiritual nem das de mamãe. Mas dessa vez algo mais aconteceu. Senti uma pancada na cabeça, mas não vi de onde veio. Posicionei-me assustado, procurando me defender e ouvi uma voz gutural me dizer:

– Cuidado, é só um aviso!

E mais um tapa eu tomei na nuca. Tentei remedar, mas não havia ninguém ao redor. Então, uma gargalhada eu escutei, que foi sumindo aos poucos no solo logo abaixo de mim, e quando olhei para baixo tive uma visão mais assustadora ainda. Era eu naquela escuridão sombria, recolhido no canto. Caí aos prantos, tentando me recompor. Juntei forças e me levantei, buscando o entendimento de meus atos, desprezando os apelos constantes da esposa. Saí apressado da sala, como que querendo fugir das garras fatais da morte de algo dentro de mim mesmo. Foi aí que o mestre espiritual se apresentou soberano:

– Lembra-se do que lhe disse?

– Ah... Então era o senhor?

– Não, não fui eu que lhe bati, mas alguém tão importante quanto eu e que também só quer o seu bem!

– Quem era então?

– Um guardião, o seu guardião!

– Guardião?

– Sim, guardião, e não se preocupe, não irá vê-lo. O que importa é que ele foi designado por Deus para permanecer ao seu lado para que a vontade dele se cumpra. Ele o despertou para que não caísse novamente no sono profundo da estagnação da alma. A dama que desposou foi entregue aos seus cuidados para ser resgatada e juntos devem trabalhar pelo bem de seus semelhantes. Despoje-se das vestimentas da paixão e volte ao trabalho. Ensine à sua esposa o bem e liberte-a da vaidade e do ciúme, esta é sua missão junto dela.

Prostrei-me resignado e tentei me inteirar mais sobre a existência do Deus que o amigo espiritual falou, quando uma luz muito forte brilhou sobre meus olhos e, como por encanto, tal conhecimento se enraizou em minha mente, trazendo-me sabedoria e paciência.

Sentindo-me revigorado, voltei ao laboratório e preparei um medicamento que ministrei à minha esposa, que recuperou a sanidade e o equilíbrio natural. Assim a vida ficou mais fácil. Dessa forma tivemos três filhos, dois varões e uma menina, todos ligados ao passado, e que foram resgatados das sombras do ódio e do rancor, inclusive um dos meninos era deficiente mental, que ao longo da vida seria curado. Mas isso é outro caso. Tivemos uma vida de muito trabalho, mas muito feliz. Muitas curas foram realizadas, todas com a ajuda indispensável do mentor, que nunca me abandonou.

Desse modo, aos 96 anos de vida útil e servil ante a vontade do Pai Maior eu deixei aquela vida e retornei ao lar espiritual vitorioso. Sentia-me disposto e jovial, não obstante a idade avançada, quando fui recepcionado pelos mestres do alto, que me abraçaram efusivamente, com grande ternura. Até minha velha mãe eu revi emocionado.

– E papai? – perguntei preocupado.

– Não sei filho, está entregue à própria sorte em algum lugar de sua consciência, talvez!

– Mas há como encontrá-lo?

– Isso só o Pai poderá responder, mas não se preocupe porque, como pode ver, a alma é imortal!

– Sim, eu sei, mas sinto que tenho uma dívida maior com ele...

– No tempo certo irá achá-lo – interrompeu o mentor.

– Agora não é hora de preocupações, mas de regozijo e alegria.

Resignei-me, mas não esqueci. Apenas procurei ensejo de trabalho, pois não queria me render ao infortúnio da vadiagem em tão nobre lugar.

– Acalme-se, filho, logo seremos transferidos para outra colônia espiritual, cuja necessidade de trabalhadores é maior que aqui. Já fomos designados e lá receberemos novas diretrizes para o avanço de sua evolução até o grau de guia.

– Guia? Como assim?

– Sim, como eu sou o seu. No futuro será o mentor de alguém que necessitará de encaminhamento e orientação. Apenas que eu fui iniciado na origem e não conheço a dualidade, pois sou natural do reino do Supremo Senhor IiÁ-Ór-Xóssi--Yê. Já você, que conhece a humanidade em alguns de seus aspectos, terá muito mais a ensinar do que eu.

Caminhei incógnito ao lado de meu amigo mentor, tentando ocultar a ansiedade que logo tomou conta de mim.

– Descanse um pouco, logo virei buscá-lo e partiremos.

Em poucos dias de refazimento e orações, o senhor Narhoór retornou e partimos para a próxima colônia. Assim, segui para outra fase de minha jornada espiritual, cujo destino era tão incerto quanto meu sucesso.

Capítulo IV

Chegamos ao novo ambiente em alguns segundos, sem que eu compreendesse muito bem como, mas não tive tempo de me importar com isso, pois assim que aportamos fomos recepcionados por um senhor de nobres vestimentas, que inspirava confiança.

– Bem-vindo, senhor Narhoór, que a paz do Divino Senhor esteja convosco!

– Ela está, senhor Yarnuvich. Desejamo-lhe o mesmo! Creio que sabe o motivo de estarmos aqui.

– Como não, vocês são esperados aqui, tanto quanto uma planta aguarda a chegada da chuva!

– Deixe de exageros, irmão. Estamos prontos para o trabalho e não queremos nos alongar em conversas inúteis. A quem devemos nos apresentar?

– Em pouco tempo o senhor diretor deste posto virá buscá-los, até lá podemos semear algumas árvores frutíferas de sabedoria, não acha?

– Sim, claro. Desculpe-me se estou apressado. É que não gosto de permanecer por muito tempo deste lado do portal que guarda com tanto zelo!

– Ó... Perdão... Entrem, por favor, estarão mais seguros aqui.

– Diga-nos, nobre guardião Yarnuvich. O que ocorre nesta colônia que necessita tanto de nosso alvitre?

– Aqui eu diria que não é tão necessária nenhuma providência assim tão severa, mas para o povo ao qual ela está ligada, sim, precisamos urgentemente de algum orientador firme, pois está à beira de um abismo sem fim. Tanto que já perdemos muitas almas para os governantes das trevas, que não questionam se devem ou não julgar, simplesmente punem e aprisionam as almas sem nenhum julgamento. O que haveremos de fazer?

– Nossa! – exclamei assustado.

– É isso mesmo. É neste inferno que se encontra seu novo campo de trabalho.

– Mas o que se pode fazer ante tamanha ignorância?

– Trabalhar, doutrinar e semear o amor, apenas isto!

Entrelacei os dedos atrás das costas e fiquei observando o trabalho dos servidores da colônia recebendo as almas flageladas que conseguiam resgatar da escuridão da própria consciência há muito perdida, enquanto ouvia o diálogo caloroso dos companheiros. Até que o dirigente se apresentou numa breve carreira. Ele se vestia com uma túnica branca que descia até os pés e inspirava bondade. Seus cabelos jogados no ombro de forma um tanto desleixada, bem como a barba que se alongava à altura do peito, trazia na boca um sorriso bem alvo de dentes bem cuidados, e era de estatura média para alta.

– Sejam bem-vindos, meus amigos. Por favor, me perdoem pela demora em recebê-los em nossa casa, mas ainda bem que o irmão Yarnuvich é um servidor muito sábio. Até que enfim o Senhor atendeu nossas preces. Venham, vou lhes mostrar o trabalho que os aguarda.

Capítulo IV

Seguimos nosso novo amigo, que disparou num caminhar apressado, desculpando-se pela pressa, até uma casa suntuosa e bem adornada, com servidoras dedicadas cuidando dos jardins verdes e floridos, muito lindos de se ver. Notei que as pessoas que passavam em passos largos estranhavam minha aparência chinesa, inclusive ficavam reparando a vestimenta dourada e verde, de fina seda, mas não me importei muito com isso, estava mais preocupado em acompanhar meus companheiros. O dirigente abriu a porta da mansão, que eu sinceramente estranhei, já que estávamos no plano espiritual. Afinal para que tanta pompa num lugar desses? Perguntava-me em silêncio. Mas, para meu espanto, a resposta veio de pronto:

– Não se detenha no detalhe desta casa. Eu a herdei do antigo dirigente que se deixou levar pelas sombrias garras da vaidade. Logo darei um jeito nisso. Por enquanto as providências mais urgentes são as de socorrer o povo aflito que vou lhes mostrar em breve. Entrem e se acomodem, vamos aguardar a chegada dos guardiões desta esfera para traçarmos juntos os planos de reconciliação da população perdida em todos os sentidos característicos da natureza humana.

Ele então abriu uma larga janela e gritou às trabalhadoras do lado de fora:

– Parem com este trabalho inútil, meninas, já lhes pedi isso mais de uma vez. Vão para a clínica cuidar dos enfermos, lá sim estarão fazendo um trabalho mais agradável aos olhos de nosso Divino Pai!

Notei que elas se retiraram um tanto contrariadas e me dispus a ir auxiliá-las, mas meu pedido foi negado, porque minha presença ali era indispensável, já que eu era quem iria conduzir a missão na esfera terrestre. Não temi o que poderia vir, mas, a julgar pela suntuosidade daquela casa, coisa boa não seria. Esbocei um leve sorriso, tentando conter a risada que subiu pela garganta, mas inevitavelmente o ar que sobrou escapou pelas narinas, que eu tampei com as mãos, abaixando a cara para disfarçar.

– Por que ri, nobre amigo?

– Fiquei observando esta casa e senti que, pela aparência dela, seu antigo dirigente não era boa coisa, quanto mais o povo abaixo dela. Então me vi no meio disso tudo tentando semear plantas boas em rochas inférteis. Só mesmo com muitas pancadas de um bom machado! Não é mesmo?

– Sim, será um trabalho árduo – respondeu o dirigente depois de rir um pouco. – Mas não se preocupe, porque vamos deixar uma saída de emergência caso sua tarefa não seja bem--aceita pelos irmãos encarnados.

– Perdoe-me a ignorância senhor, mas poderia me dizer seu nome?

– Claro, como poderia me esquecer? Meu nome é Iiór Haj Piétrus-Yê, Mestre Supremo da Esfera Cristalina Branca, comandada pelo divino Senhor Iiór Oxi-Aláh-Yê. Mas pode me chamar de Piétrus simplesmente, uso meu nome sagrado apenas nas reuniões com os demais mestres supremos.

– Admiro sua simplicidade, senhor Piétrus, meu nome é...

– Esqueça seu antigo nome, querido amigo!

– Sim, filho, doravante deverá escolher seu nome sagrado, que logo lhe inspirarei.

– E por qual razão não poderei utilizar meu antigo nome chinês?

– Porque é um nome humano e tão logo estiver na carne novamente será batizado com outro nome, e garanto que será muito lembrado no futuro ainda distante. Mas haverá de ser

batizado com outro nome que seu Pai ancestral e eterno esco-
lherá. Com ele levará muitas bênçãos aos irmãos encarnados.
Por ora, deve apenas se deter em esquecer seu antigo nome.

– Está bem, meu senhor. Assim será.

Tão logo terminamos a discussão sobre meu nome sagrado, sete guardiões entraram no salão, todos muito sérios e
compenetrados. Logo, o mais sério deles dirigiu a palavra ao
anfitrião:

– Irmão Piétrus, sugiro que se livre logo desta casa infame. Não é bem vista de nosso lado, a inveja se irradia em todos
os planos do embaixo, que é o ambiente de nosso trabalho.
Creio que pelo tempo que aqui está já poderia ter feito isso.

– Sim, senhor Sohrôr, farei isso até o próximo amanhecer
e será tão modesta quanto eu.

– Vamos começar logo nossa reunião, pois tenho muitas
atividades a fazer em meu ponto.

– Muito bem, que assim seja. Temos aqui presentes o Mestre Supremo Narhoór e seu servidor, eu, Piétrus, e todos vocês
guardiões da luz e da Lei Suprema que nos rege o tempo todo
e durante todo o tempo. Guardadas as devidas apresentações
que poderão ser feitas depois, vamos logo ao que interessa. O
fato é que a população abaixo se encontra envolta pelas garras
da luxúria e não se dá conta disso. Tal fato se deu em razão
do descuido do antigo dirigente desta colônia que se deixou
envolver, fato que pode ser comprovado com esta mansão, o
que agravou mais a situação. Tamanho foi seu envolvimento,
que foi capturado e enviado às masmorras, onde está aprisionado. Sabemos que ele está arrependido, mas não será possível
libertá-lo da prisão a que se submeteu por razões óbvias, sem
antes corrigir a emanação negativa do povo que alimenta os
exércitos nefastos que os envolve. Isso feito, poderemos en-

fraquecer a guarda e recuperar todas as almas lá aprisionadas. Por tudo isso, fomos expor este cenário aos dirigentes do plano superior por meio de preces e fomos atendidos. Temos aqui um servidor que apresentará seu histórico e veremos se ele está apto a executar nossos planos na esfera carnal sem se deixar envolver. Passo, então, a palavra ao nobre servidor, para que se apresente.

– Boa noite, senhores. Agradeço ao Pai Maior pela oportunidade de trabalho que ora se apresenta em um grau de dificuldade que não sei se poderei superar, contudo posso garantir desde já que sou determinado e fiel aos princípios divinos. O que tenho a dizer sobre mim é que venho de outra esfera evolutiva, paralela à deste planeta, onde experimentei as mesmas provações e as venci com muito sacrifício. Entretanto, em decorrência das dívidas residuais de minha vida desregrada e inútil, parti para este planeta, o qual abracei com o coração, e já experimentei duas gerações em corpos físicos, em que da primeira vez fracassei, mas reconheci os erros enquanto estava aprisionado nos umbrais da consciência condenada. Até que fui socorrido e resgatado e, após um breve e salutar refazimento, fui reintegrado à carne novamente, onde vivi como um curador bem-sucedido, e pude vencer as tentações da luxúria, graças a um senhor guardião que me assegurou que estará sempre ao meu lado, e até mesmo neste instante sinto sua presença aqui. Por tudo isso, me sinto apto a executar os planos aqui traçados e, com firmeza, posso garantir que não fracassarei.

Sentei-me em silêncio, sendo observado pelos senhores ao redor, que se entreolhavam. O silêncio era apavorante, confesso. Até que um deles se levantou e me dirigiu a palavra:

– Quero que saiba que o guardião a que se referiu ainda há pouco sou eu. E o que eu disse é a mais pura verdade, eu nunca o deixarei sozinho enquanto na carne estiver e não hesitarei em lhe dar outros safanões se julgar ser necessário.

– É um prazer conhecê-lo, querido amigo, e quero aproveitar para agradecer pelos tapas que me deu. Saibas que graças a eles eu despertei para uma nova realidade de minha alma infinita.

– Tua resignação me alegra! – exclamou meu mentor, sorrindo. – Mas é preciso que tenha a exata noção da densidade do ambiente que se submeterá em vida.

– E como posso fazer isso, mestre?

Imediatamente o dirigente me solicitou que olhasse para o piso central do salão, que se abriu, dando-me a impressão de que iríamos todos despencar. E o que vi me deixou realmente assustado. Primeiro foi necessário atravessar as imensas nuvens energéticas escuras que envolviam a cidade. Só depois é que pude ver a extensão da gravidade do que foi dito. Todos estavam envoltos numa aura de perdição de difícil descrição. Não havia o menor escrúpulo nos atos insanos. Todos os pecados se difundiam com libertinagem absurda, a ponto de não usarem roupas. Parecia até que eram animais, e não humanos. A iniquidade era lei e nem mesmo as crianças eram poupadas. Bebidas, vômitos, abortos por todos os lados. Enfim, era o caos. Um abismo para a raça humana e no fundo dele os servidores do mal se alinhavam, alimentando-se de toda aquela nojeira. Realmente eu fiquei extremamente assustado e um calafrio me percorreu a espinha, arrepiando até os pelos que iriam nascer. Aquilo me fez refletir sobre minha frágil condição ante tamanha ignomínia.

– Agora que tem a devida noção do que irá encarar na carne, ainda está disposto a assumir a missão?

Respirei fundo, examinando a consciência aflita e tomei coragem respondendo firmemente:

– Sim, estou.

– É bom que saiba que ali estão em jogo os sete mistérios divinos e deverá alinhá-los todos. Tal fato entrará para os anais da história da humanidade e seus feitos não serão esquecidos jamais – asseverou o guardião do arco sagrado do amor.

– Estou preparado.

O senhor Piétrus, que assistia a tudo calado, então tomou a palavra, resoluto.

– Muito bem, vamos prosseguir com os planos divinos. Todos estão de acordo?

E todos assentiram com a permissão e dando testemunho do que fora firmado naquele instante.

Fui devidamente preparado e inserido no corpo físico novamente. Mas não gostaria de narrar as dificuldades que passei naquelas cidades, conhecidas por vocês como Sodoma e Gomorra. Durante minha estadia realizei muitas curas, para dar exemplo do amor divino, tentando a todo custo salvar o povo, mas creio que também todos sabem o fim daquele desterro, que foi o fogo, e nisto dou testemunho da verdade em meu nome sagrado Iran Hirór Férnom Akar-Yê.

Assim se deu a primeira queimada e talvez a mais famosa.

Gênesis 19

A Destruição de Sodoma e Gomorra

19 Os dois anjos chegaram a Sodoma ao anoitecer, e Ló estava sentado à porta da cidade. Quando os avistou, levantou-se e foi recebê-los. Prostrou-se, rosto em terra, ₂ e disse:

– "Meus senhores, por favor, acompanhem-me à casa do seu servo. Lá poderão lavar os pés, passar a noite e, pela manhã, seguir caminho".

– "Não, passaremos a noite na praça", responderam.

₃ Mas ele insistiu tanto com eles que, finalmente, o acompanharam e entraram em sua casa. Ló mandou preparar-lhes uma refeição e assar pão sem fermento, e eles comeram.

₄ Ainda não tinham ido deitar-se, quando todos os homens de toda parte da cidade de Sodoma, dos mais jovens aos mais velhos, cercaram a casa. ₅ Chamaram Ló e lhe disseram:

– "Onde estão os homens que vieram à sua casa esta noite? Traga-os para nós aqui fora para que tenhamos relações com eles".

₆ Ló saiu da casa, fechou a porta atrás de si ₇ e lhes disse:

– "Não, meus amigos! Não façam essa perversidade! ₈ Olhem, tenho duas filhas que ainda são virgens. Vou trazê-las para que vocês façam com elas o que bem entenderem. Mas não façam nada a estes homens, porque se acham debaixo da proteção do meu teto".

– ₉ "Saia da frente!", gritaram. E disseram: "Este homem chegou aqui como estrangeiro, e agora quer ser o juiz! Faremos a você pior do que a eles".

Então empurraram Ló com violência e avançaram para arrombar a porta. ₁₀ Nisso, os dois visitantes agarraram Ló, puxaram-no para dentro e fecharam a porta. ₁₁ Depois feriram de cegueira os homens que estavam à porta da casa, dos mais jovens aos mais velhos, de maneira que não conseguiam encontrar a porta.

₁₂ Os dois homens perguntaram a Ló:

– "Você tem mais alguém na cidade – genros, filhos ou filhas, ou qualquer outro parente? Tire-os daqui, ₁₃ porque estamos para destruir este lugar. As acusações feitas ao SENHOR contra este povo são tantas que ele nos enviou para destruir a cidade".

₁₄ Então Ló foi falar com seus genros, os quais iam casar-se com suas filhas, e lhes disse:

– "Saiam imediatamente deste lugar, porque o SENHOR está para destruir a cidade!" – Mas eles pensaram que ele estava brincando.

₁₅ Ao raiar do dia, os anjos insistiam com Ló, dizendo:

– "Depressa! Leve daqui sua mulher e suas duas filhas, ou vocês também serão mortos quando a cidade for castigada".

₁₆ Tendo ele hesitado, os homens o agarraram pela mão, como também a mulher e as duas filhas, e os tiraram dali à força e os deixaram fora da cidade, porque o SENHOR teve misericórdia deles. ₁₇ Assim que os tiraram da cidade, um deles disse a Ló: "Fuja por amor à vida! Não olhe para trás e não pare em lugar nenhum da planície! Fuja para as montanhas, ou você será morto!".

₁₈ Ló, porém, lhes disse:

– "Não, meu senhor! ₁₉ Seu servo foi favorecido por sua benevolência, pois o senhor foi bondoso comigo, poupando-me a vida. Não posso fugir para as montanhas, senão esta calamidade cairá sobre mim, e morrerei. ₂₀ Aqui perto há uma cidade pequena. Está tão próxima que dá para correr até lá. Deixe-me ir para lá! Mesmo sendo tão pequena, lá estarei a salvo".

₂₁ "Está bem", respondeu ele. "Também lhe atenderei esse pedido; não destruirei a cidade da qual você fala. ₂₂ Fuja depressa, porque nada poderei fazer enquanto você não chegar lá".

Por isso a cidade foi chamada Zoar.

₂₃ Quando Ló chegou a Zoar, o sol já havia nascido sobre a terra. ₂₄ Então o Senhor, o próprio Senhor, fez chover do céu fogo e enxofre sobre Sodoma e Gomorra. ₂₅ Assim ele destruiu aquelas cidades e toda a planície, com todos os habitantes das cidades e a vegetação. ₂₆ Mas a mulher de Ló olhou para trás e se transformou numa coluna de sal.

₂₇ Na manhã seguinte, Abraão se levantou e voltou ao lugar onde tinha estado diante do Senhor. ₂₈ E olhou para Sodoma e Gomorra, para toda a planície, e viu uma densa fumaça subindo da terra, como fumaça de uma fornalha.

₂₉ Quando Deus arrasou as cidades da planície, lembrou-se de Abraão e tirou Ló do meio da catástrofe que destruiu as cidades onde Ló vivia.

Mas não se iludam com o que está escrito. A verdade não é absoluta neste livro que consideram como sagrado, pois o verdadeiro ainda está por ser revelado e ele não foi escrito ou traduzido por mãos e mentes de homens que se preocupam apenas com as cifras que vão lhes render. Mas como eu não tenho a intenção de modificar o que já foi dito, inspirei o filho que lhes escreve a pesquisar sobre a passagem para que fique registrado.

Ao meu pedido, uma grande chuva de meteoros foi lançada sobre as cidades, pois de outro modo não se salvaria aqueles pervertidos imundos, dos quais muitos ainda habitam os mais recônditos infernos do próprio subconsciente. E os poucos que se conseguem resgatar insistem no mesmo erro do passado, o que me enche de compaixão. Oro por eles todos os dias para que recuperem a sanidade moral.

Retomando nossa história, passei o restante de meus dias naquela cidade vizinha trabalhando com afinco no auxílio ao próximo, mas não saí da vida assim de forma tão inocente, embora minha missão tenha sido dada como cumprida, já que a influência negativa que tanto incomodava a colônia do alto fora extinta. Mas o que eu poderia fazer? Mesmo assim a consciência me condenava. Fui imediatamente socorrido após o desencarne e fui recepcionado com honras por Narhoór, que mais uma vez me abraçou.

– Não se detenha às frustrações, apenas se recomponha. Mais tarde os filhos da Terra terão um livro que narrará a história para que não se percam novamente. Uma doutrina religiosa que cultuará as palavras nele escritas salvará muitas almas propensas a cair nas tentações do sexo desvirtuado, mas muitos se perderão, pois não darão atenção à fé e ao amor nele contido nas entrelinhas. Por enquanto, rejubile-se, filho querido. Nosso Pai Maior em sua irradiação cristalina ígnea lhe rende graças. Seja a paz em si mesmo, portanto.

– Obrigado, mestre, suas palavras me reconfortam o espírito cansado. Mas saiba que não recusarei a oportunidade de reparação de minha covardia e orarei para que este dia chegue logo.

– Tenha a certeza de que oportunidades não faltarão. Muito ainda há para ser feito.

Eis que se deu ensejo de minha primeira queimada. Sob o comando de meu eterno Pai Iiór Nar Xang Houm Hir Marar-Yê, ou simplesmente Xangô-Yê.

Capítulo V

Ainda cansado, me recolhi numa das casas da colônia para me refazer e fiquei meditando sobre tudo o que acontecera naquele tão recente passado, e uma pergunta surgiu: "O que será que havia acontecido com o antigo dirigente? Muito falamos de sua queda, mas será que fora resgatado da prisão?". Quando repentinamente o senhor Piétrus entrou na pequena sala sem bater e vinha acompanhado de um irmão de aparência um tanto flagelada, como se tivesse saído do meio de uma batalha:

– Perdoe-nos a invasão brusca, irmão Hirór. Está ocupado?

– Não, claro que não. Apenas estava me refazendo em descanso, pois a luta foi intensa. Respirar bons ares nos revigora, não é mesmo?

– Sim, como não! O motivo de estarmos aqui é que o mestre que me acompanha deseja cumprimentá-lo e ao mesmo tempo agradecer pelo seu feito.

– Feito? Agradecer por quê?

– Saudações, amigo. Bendito seja pela grandeza infinita de sua alma. Meu nome é Iiór Christianus Oxi Alá, o antigo servidor desta colônia, que era tido como dirigente e que fui resgatado das masmorras da iniquidade graças aos seus esforços. Graças sejam derramadas sobre você e toda a sua geração!

– Devemos agradecer ao Pai Maior pela grandeza de sua obra, e não a mim que sou pequenino ante tão luminosa presença. Mas, perdoe-me a ignorância, apresentou-me seu nome sem o Yê no final, qual é a razão?

– Claro...

– Este título só é dado a quem merece, irmão! – interrompeu o mestre Piétrus. – E também será tirado na mesma medida. Mas não há razões de preocupações. Após algumas centenas de anos de serviço ele o recuperará. Concorda, Christianus?

– Plenamente, senhor. Sequer poderei falar nisso por algum tempo, até que o mereça novamente.

– Não sabia que os ascencionados naturais poderiam perder seu título!

– Pela gravidade da situação, deveria ao menos pressupor que algum castigo viria!

– Sim, claro, mestre. Como disse antes, perdoe-me pela ignorância. Ainda estou tentando me habituar a este ambiente de tanta luz e harmonia.

Após alguns segundos silenciosos, recebi o abraço caloroso do irmão, que se derretia em lágrimas, e antes de se retirarem, mestre Piétrus ainda disse:

– Prepare-se, Hirór, uma nova missão o aguarda. Paz e luz da parte de Nosso Senhor.

Depois que saíram, deitei-me suavemente na pequena cama e adormeci profundamente, sentindo a brisa que soprava da janela, trazendo os aromas doces da relva ao redor da pequena choupana que me acolhia tão bem. Um sentimento nostálgico tomou conta de meu ser, como que a sentir saudades do desconhecido, e então sonhei com os verdes campos de eras passadas, quando recolhia inocentemente algumas folhas para o preparo de remédios. Sempre acompanhado de meu mestre Narhoór, que me inspirava. Foi então que uma visão assombrosa me abalou. Uma nuvem negra e pungente se espalhou pelo ar e dela surgiu uma falange maligna que queria me capturar. Eu continuava meu caminho, sem me dar conta do perigo, até que fui envolvido pela nuvem que se dissipou em minha aura. Eu me debatia e tentava me esvair, mas sucumbi ante as tentações apresentadas. Até que o guardião querido se fez presente e me libertou, fincando sua espada nas serpentes que rastejavam em minha volta. Então, ele me pegou no colo desacordado e me trouxe de volta.

Despertei incomodado com aquelas visões tenebrosas e não consegui mais dormir. Apenas sorvi o líquido que estava num copo ao lado do leito e me recompus. Levantei-me disposto a tirar o estranho pesadelo a limpo e já estava para sair quando o mestre Narhoór entrou.

– O que tanto o atormenta, filho? Parece que se deparou com alguma fera!

– Não sei dizer o que era, mas tive um estranho pesadelo e gostaria de me esclarecer a respeito.

– Acalme-se e respire fundo. Dormiu durante várias horas, era de se admirar se não tivesse nenhum pesadelo!

– Mas por que tanta tormenta?

– Você irá para a carne novamente, creio que já foi alertado sobre isso.

– Sim, mas nem por isso eu deveria ter pesadelos tão amedrontadores.

– São só pesadelos, filho. Talvez sirvam para alertá-lo dos perigos que estão por vir. Não deves te preocupar.

– Tentarei me acalmar. Mas... Responda-me, mestre, qual é minha próxima missão?

– O mestre Christianus deverá experimentar a encarnação para se refazer de seus erros, e com ele você irá. Está disposto?

– Já disse que não negarei nenhuma missão a mim designada. Não sei por que insistem em me questionar sobre isso.

– Porque, por mais que esteja disposto, sempre haverá o livre-arbítrio, que lhe foi conferido pelas Leis eternas e irrefutáveis. Saiba que, mesmo que não vejamos, as testemunhas são de tamanha grandeza que nos escapa à imaginação ainda pequena. Tudo que disser será registrado, portanto digne-se a falar apenas o necessário, pois não estou disposto a acompanhá-lo em todas as missões que julga serem necessárias a você. Em breve, será um mestre ascencionado e não precisará mais da carne para reparar erros do passado de que já deveria ter esquecido. Você já teve duas oportunidades e numa delas o Senhor Supremo Iiór Nar Xang Houm Hir Marar-Yê, que é o Senhor de sua ancestralidade no Setenário Sagrado, o acudiu com suas chamas sagradas e posso assegurar que noutras seis Ele ainda há de socorrê-lo, e por este nome haverá de ser lembrado e com ele muitas almas conduzirá ao alto, para honra e glória do Pai Maior. Portanto, digne-se a responder apenas quando for questionado e aprenda a dominar o silêncio da alma.

– Desculpe-me, mestre. Suas advertências não serão esquecidas. Posso saber como se dará minha missão desta vez?

– Terá mais seis missões na carne, cada uma com a bênção de um dos Supremos Senhores e Supremas Senhoras do Altíssimo. Como já disse, uma já foi cumprida e sua marca já está registrada em seu peito, se é que ainda não reparou. Mas a próxima será junto de Christianus, que será fruto de seu casamento com uma das concubinas que o levaram à queda. Como filho, deverá orientá-lo e conduzi-lo pelos desertos para que realize seu trabalho com afinco e gratidão. Quanto à senhora que desposará, ela irá desencarnar em terríveis condições, mas deverá amá-la até o fim, levando alento e amparo para que ela supere as dores com resignação e coragem. Este é o plano traçado, e o cumprimento dele se dará sob a designação da Divina Senhora Iiá Óhr Xum-Yê e seus guardiões supremos. Agora vamos, porque sua futura esposa logo se encaminhará, mas você deve ir antes.

Assim se fez em breves dias. Não seria preciso dizer que o tempo contado no alto não é o mesmo tempo daqui, ainda assim eu digo para que fique bem claro.

A civilização humana seguia a passos largos sua jornada no planeta na época de meu renascimento em terras áridas e praticamente sem vida. Obviamente eu não me recordava de nada sobre minha missão, apenas seguia o curso da vida conforme ela se apresentava. Cresci sob severa educação patriarcal, comum naquela comunidade ainda primitiva. Meu pai era um respeitado criador de camelos e ovelhas e portador de grande sabedoria ante as dificuldades do deserto. Mamãe era submissa e vivia calada, dignava-se apenas às suas tarefas corriqueiras e a servir seu marido que a respeitava muito. Meus dotes de curandeiro estavam esquecidos desta vez. Apenas acompanhava o genitor nas pradarias para conduzir a criação ou então alguma caravana.

O grande mestre Jesus ainda não tinha vindo, trata-se de mais ou menos 3 mil anos antes de sua chegada. O povo em geral era muito ignorante e carente de orientações, incluindo eu e minha família. Mas no fundo algo em mim queria despertar de um sono profundo. Vivia sempre distraído olhando para o céu, observando estrelas e quase sempre papai me dava uns safanões para me acordar dos meus devaneios. Nossas brincadeiras eram sempre perigosas, pois o que tínhamos para nos divertir eram as cobras e os escorpiões que colocávamos em potes de barro e então atirávamos pedras. Quem as derrubasse era o ganhador, talvez de alguma guloseima. Creio que isto já seja o suficiente para traçar o cenário de meu reencarne.

Seguindo a tradição, papai arranjou um casamento para mim com uma menina, filha de um aldeão vizinho que também era um próspero comerciante e sempre o contratava para o transporte de suas mercadorias até o mar, e vice-versa. O grande rio era a rota mais comum para o comércio local, mas às vezes não era possível ir por ele, creio que em épocas de muita seca. Com tudo arranjado, a cerimônia foi realizada quando eu contava 18 anos e minha pequena esposa tinha apenas 14. Mas era a tradição, nada se podia fazer. Como crianças casamos e como tal vivíamos, tanto que demorei mais de um ano para me dar conta do que os casais sempre fazem. Não creio que seja necessário descrever como foram as verdadeiras núpcias, mas posso garantir que foram muito prazerosas. Enfim, nosso primeiro filho finalmente nasceu e foi motivo de orgulho dos avós que o acolheram com grande carinho e estima. Logo outros rebentos vieram, mas cada um teve seu destino, exceto o primeiro, que, coincidência ou não, batizamos com o nome de Pétrus. Eu me chamava Ioshua e minha esposa, Magda.

Tempos terríveis assolavam o povo, que estava cada vez mais carente de alguém que lhes trouxesse algum alento, e foi justamente nisso que Pétrus se destacou. Seu dom natural de profetizar e curar enfermos deixava todos admirados. O tempo foi passando e a velhice tomou conta de papai, que desencarnou, deixando para mim suas criações e terras, mas eu passei esses cuidados ao meu irmão mais novo, que assumiu com satisfação a posição. De alguma forma eu sabia que meu filho precisaria de mais atenção do que eu estava dando. Pedi ao meu irmão apenas uma casa humilde para que pudesse me abrigar juntamente com minha família. Mas este conforto não tardou a ser cobrado:

– Ioshua, precisamos conversar.

– Sobre o que, irmão?

– Sobre sua permanência nesta casa.

– O quem tem ela, Sálvio? Herdamos de papai e é a única coisa que pedi a você ante tantas coisas que já lhe dei!

– Concordo, mas se não trabalhar como poderá colher o sustento para você e sua família? Desde que Pétrus começou com pregações inúteis dele, se digna apenas a acompanhá-lo. Será que você não vê que atravessamos tempos difíceis? Não posso ficar sustentando sua família assim gratuitamente!

– Meu filho tem uma missão dada pelos céus e eu o acompanharei pelo tempo que for necessário. Se você julga que nossa presença é um estorvo para o seu progresso, então me diga que me retirarei em pouco tempo.

– Desculpe, irmão, mas sim. Se não trabalhar para produzir, nada eu poderei fazer senão pedir que se retire.

– Está bem então, na próxima alvorada esta casa estará desocupada.

– Por Deus, Ioshua, pense bem. Tudo que peço é que trabalhe, nada mais.

– Meu trabalho é ao lado de meu filho e de minha esposa, que está adoentada. Os outros já estão encaminhados pela graça dos céus!

– Não gostaria de vê-lo ao relento, querido irmão.

– Não se preocupe conosco, apenas consigo, sua prole e as criações. Os descendentes de papai devem prosperar por gerações infindas.

Despedi-me dele com muito pesar e lágrimas nos olhos.

Naquela noite recolhi algumas roupas e pertences e avisei a companheira e meu filho, que tentou argumentar.

– Papai, se é por minha causa que vamos ter de sair eu suplico que fique aqui. Não é necessário expor mamãe a este martírio, pois ela está muito doente.

– Sim, eu sei, filho, mas também sei que algo além de mim me repele a estar com você e ampará-lo, e não vou abandoná-lo por nada. Agora me ajude a preparar nossa retirada desta casa.

Magda sofria de um mal que era desconhecido na ocasião, mas que hoje é conhecido como lepra. Por isso era difícil vê-la sair, pois era proibido. Este foi o motivo que me levou a sair ainda de madrugada da casa que nos acolhia tão confortavelmente. Apesar da proibição, muitas pessoas eram infectadas, mas eu e Pétrus estranhamente não a contraímos e isso nos fugia do entendimento. Pétrus profetizou pela manhã, ante o sol ardente e diante de uma multidão:

– Muito há de ser limpo da aura humana. Muitas outras pestes hão de assolar a humanidade para que ela se renda às Leis eternas de nosso único Pai, que habita o mais alto dos céus. Esta imundície que atualmente se instala nos corpos que leva à mutilação dos membros é apenas um sinal. Quem se render às tentações da serpente maligna e não der ouvidos à fé e ao amor, com respeito ao Senhor eterno e poderoso, há de se arrepender. Ouça, ó Pai, a súplica de seu humilde servo, tenha misericórdia destes filhos e acolhe-os em seu colo para que eles sejam salvos.

Nada se sabia da existência de um Deus único naquela época, portanto Pétrus era tido como um louco, contudo suas palavras eram aceitas com respeito e devoção, não obstante à oposição dos anciãos que viviam tramando contra ele. Afinal, as leis que eles mesmos decretaram eram até certo ponto desobedecidas. Já naquele tempo, o preconceito, a intolerância e a ganância dominavam a mente dos incautos, que sofrem até hoje com seus dogmas inúteis.

Mas Pétrus caminhou em meio à multidão e realizou muitas curas, que se chamavam de milagres. Era um profeta, um curador em sua essência e não temia as represálias resultantes de suas palavras. Seguimos pelo deserto até que chegamos a uma cidadela muito populosa e cheia de pecados.

Apesar da meia-idade, eu me sentia viril, mas a situação de minha esposa não era favorável para as relações. Eu sentia que ela compreendia minha posição enquanto homem, mas eu não queria me render às tentações do caminho. Muitas mulheres gostariam de se entregar a mim, afinal eu ainda inspirava juventude e, sem demagogias ou falsas modéstias, eu era muito bonito. Contudo, eu sempre resistia aos flertes das mulheres, algumas jovens e encantadoras, outras nem tanto. Isso até chegarmos àquele lugar. Senti que a serpente abria sua boca pronta para desferir seu bote fatal sobre mim e meu filho. Estranhamente me lembrei daquele pesadelo que tive quando estava na pequena casa da colônia espiritual, mas claro que não me recordava claramente. Intuição eu diria, para explicar melhor.

Aquela cidadela exalava o odor da iniquidade. As mulheres viviam sozinhas com seus filhos, pois seus maridos ou estavam trabalhando em lugares distantes por longos períodos ou estavam embriagados jogados pelos becos. Sendo assim, restavam apenas os idosos, que, obviamente, não poderiam satisfazer a sede das esposas abandonadas à própria sorte. Parecia mesmo um grande prostíbulo e as prostitutas se atiravam nos braços dos transeuntes desavisados, que sempre sucumbiam às tentações. Não havia nenhuma noção de religiosidade ou sobre alguém superior a lhes guiar. Apenas luxúria e adultério. Pétrus se pôs ao trabalho sem reclamar, pregava pelas ruas e praças com boa vontade, mas sempre era vítima de zombarias e apedrejamentos.

Até que numa manhã, quando nos preparávamos para sair, uma jovem senhora bateu na porta. Ela trazia consigo uma menina e demonstrou simpatia pelas pregações de Pétrus. Inocentemente deixamos que ela entrasse e, então, a trama odiosa se iniciou.

– Trago graças e paz e desejo apenas lhes pedir uma coisa.

– Pois peça, irmã, se estiver ao nosso alcance teremos prazer em atendê-la!

– Não sei por quanto tempo vão permanecer por aqui, mas quando forem gostaria de acompanhá-los. Não suporto mais a solidão deste lugar. Eu e minha filha estamos há mais de um ano sem ver meu marido, que, creio eu, não se importa mais conosco. Estamos impossibilitadas de nos alimentar e não podemos empreender nenhuma viagem porque não temos recursos.

– Aguarde até amanhã, pois veremos o que poderemos fazer. Até lá, se estiver disposta, seja bem-vinda nesta casa e comece por limpá-la, depois prepare o jantar. Peço apenas que tenha cuidado com minha mãe, ela está muito doente e necessita de máxima atenção.

– Assim será sua estadia conosco, se por acaso deixarmos que nos acompanhe – emendei com firmeza.

– Obrigado, senhor. Faremos o possível para corresponder sua expectativa.

Fizemos o desjejum e saímos para nossa jornada diária. Meu filho estava determinado a doutrinar aquela população incauta e ignorante e não queria desistir tão facilmente.

– Filho, temos que arranjar algum trabalho, pois nossos recursos estão acabando e precisamos nos reabastecer para uma possível nova jornada.

– Não se preocupe, papai, nada nos faltará. No justo momento receberemos tudo o que precisamos para viver, pois minha missão está longe de acabar. Além do mais, sinto que algo maior nos prenderá neste lugar ainda por algum tempo. A serpente deve ser vencida antes de partirmos. Entretanto, peço-lhe que tenha compaixão e se resigne com o que está para acontecer.

– Farei o possível, filho. Não sou tão elevado quanto você, mas não deixarei que nada atrapalhe sua missão, da qual me orgulho e sinto prazer em acompanhar.

Paramos na praça da fonte central, onde muitas pessoas, principalmente mulheres, iam buscar água, e lá ele iniciou seu trabalho de amor, com coragem e determinação, até surgir uma senhora que trazia ao seu lado uma criança toda enfaixada com trapos malcheirosos. Ela não deu muita atenção ao sermão de Pétrus, mas a criança, sim:

– O que tem esta criança, senhora?

– Ela foi picada por uma cobra do deserto e não há cura. Em breve a perna deverá ser amputada e meu martírio se fará ainda maior.

– O Senhor todo-poderoso pode curá-lo, crê nisso, senhora?

– Não me venha com suas profecias inúteis. Zomba de mim só porque este moleque não tem pai. Já não me basta ter que criá-lo sozinha?

Todos pararam para assistir à discussão quando Pétrus solicitou à jovem senhora:

– Por favor, retire esses panos de seu filho.

– Não farei isto aqui, não quero envergonhar meu filhinho em meio a esta multidão que parece que não tem nada a fazer, a não ser ficar me observando.

– Mais uma vez eu peço, tire esses panos do menino e não se preocupe, pois, antes de se envergonhar, a obra do Senhor se fará!

Ela hesitava em atender Pétrus, enquanto o menino começou a tirar de si os panos, que obviamente o incomodavam. Então o ajudei com carinho, demonstrando segurança. Meu filho, então, impôs sua destra sobre as pernas da criança, que chorava de dor, pois as feridas estavam expostas e sua perna direita estava totalmente necrosada. À medida que Pétrus orava, as feridas foram secando e, aos poucos, a perna foi tomando sua forma sadia, até que ele ficou curado. Todos em volta pararam de rir e foram se ajoelhando e dizendo uns aos outros que era um milagre. O menino então nos abraçou ainda em prantos enquanto sua mãe se admirava do feito. Ela se prostrou diante de Pétrus e osculava as mãos com grande carinho.

– Obrigado, jovem profeta, você salvou a vida de meu filhinho e eu lhe serei eternamente grata.

– Não é a mim que deve ser grata, mas ao Senhor de nossas vidas que habita o mais alto dos céus. Ele, sim, é o nosso criador e de todas as criaturas...

E prosseguiu com seu sermão para todos os presentes e algumas outras curas ele realizou, deixando aquele povo mais feliz e tolerante. Mas o cheiro da luxúria ainda se aspergia pelo ar, o que me deixou desconfiado.

Quando retornamos à nossa tenda ao anoitecer ficamos assustados com o que vimos, mas Pétrus tratou de me acalmar. Minha esposa estava morta na cama, com uma faca no peito. A jovem mulher e sua filha estavam chorando do lado de fora sem saber o que dizer.

– O que aconteceu, mulher? Como se deu esta desgraça?

– Não sei, senhor, estávamos aqui fora preparando algo para comer e quando entrei para servi-la ela estava daquele jeito!

Pétrus olhou-me desconfiado, pois sabia o que ocorrera, porém disfarçou seu olhar. Ele sabia que sua mãe não cometeria o suicídio.

– Está consumado pai, a vontade do Criador foi cumprida, nada mais poderemos fazer. Venha, vamos cuidar do sepultamento de mamãe. De acordo com os costumes, devemos queimá-la e assim faremos.

Enquanto recolhíamos o corpo, Pétrus fazia uma oração numa linguagem que eu desconhecia e soava muito bem aos ouvidos. Tão logo terminamos voltamos para nossa tenda, encontramos a jovem senhora e sua menina em vestes insinuantes. Não me furtei de ficar excitado com tal visão e me deixei levar pela sensualidade que envolvia todo o ambiente. Elas cantavam descontraídas, como se não soubessem o que estavam fazendo. Confesso que já ia me atirar, esquecendo-me de tudo o que havia se passado ali, quando senti uma pancada na nuca. Novamente meu guardião me socorreu a tempo de não cometer nenhuma besteira. Como se estivesse despertando de uma hipnose, meneei a cabeça fortemente quando vi Pétrus envolto nos braços da pequena menina, enfeitiçado pelos seus encantos juvenis. Ela por sua vez exibia os encantos de sua vulva e tentava a todo custo seduzir meu pobre filho, quando eu gritei firme:

– O que está acontecendo aqui? Saiam daqui, assassinas imundas, se pensam que não sei o que fizeram estão enganadas. Será que não têm respeito pelo o que ocorreu hoje?

Pétrus foi ao chão assustado e esfregou as mãos no rosto envergonhado.

– É assim que queriam nos acompanhar, com luxúria e pecado? Pois retirem-se imediatamente de minha tenda e nunca mais voltem.

– Mas senhor, só queríamos demonstrar nossa gratidão por nos acolher tão bem...

– Não é desta gratidão que precisamos, agora vão.

Expulsei-as dali com firmeza e determinação, mesmo sentindo meu membro pulsar por baixo das vestes molhadas de suor. Definitivamente a serpente fora vencida.

Pétrus se recompôs e me abraçou carinhosamente, enquanto eu via as duas indo embora, depois me agradeceu.

– Obrigado, pai, a loucura me envolveu completamente. Não sei onde estava com a cabeça!

– Somos homens, filho, é natural sentir o que sentimos, mas devemos tomar cuidado. Não sei por que, mas esse lugar não é o mais apropriado para encontrarmos parceiras decentes. Acho que, se nos deixássemos envolver, sua missão estaria perdida.

Senti a dor na nuca e tornei a falar:

– Alguma coisa me bateu na nuca, está doendo um pouco.

Meu filho olhou atrás de mim, esboçou um leve sorriso e respondeu:

– Já sei do que se trata pai, não se preocupe!

– Precisamos de algo para o jantar, vamos até a cidade para providenciarmos algo.

– Vamos.

Quando lá chegamos ficamos pasmos. O pecado se alastrava por todos os lados. Tive uma estranha visão, sem me lembrar exatamente do que era. O espírito aprisionado naquele corpo tinha lembranças latentes em seu âmago, mas não era permitida a total recordação. Vi apenas o fogo e a destruição e fiquei paralisado.

– O que foi, pai? O que o aflige?

– Não sei, filho... Talvez uma lembrança de um passado distante, mas que eu nunca vivi. Estranho!

– Vê o fogo?

– Sim. Como sabes?

– Está em seus olhos. É o futuro desta gente incauta e desregrada. Assim será...

E se calou como quem sabia do que eu estava por fazer.

Apanhamos algumas frutas e alguns pães e nos retiramos apressados, pois fomos avistados e começaram a zombar de nós. Depois de comer, ficamos contemplando o céu, que de tantas estrelas estava radiante, mesmo sem lua.

– Venha, meu velho pai, vamos dormir um pouco. Pela manhã, bem cedo, partiremos.

Obedeci meu filho em silêncio e me deitei. Durante o sono, tive outro sonho e nele um anjo me disse:

– Vá e cumpra sua missão, pois por ela você veio.

Depois me mostrou a cidade em chamas.

Levantei-me silenciosamente e fui até o lugarejo, onde peguei vários potes de banha e outros elementos inflamáveis e os espalhei pelas tendas e pelo mato ao redor e ateei fogo. Eu não me sentia em mim, tive a impressão de estar flutuando por cima da cidade, escutando os gritos e gemidos de dor e desespero. Em meio às chamas comecei a ver várias imagens negras se queimando, como máscaras de caveiras sombrias e outras ainda mais macabras. Meu filho se pôs ao meu lado e começou a esconjurar cada demônio que surgia nas labaredas que foram se extinguindo aos poucos, até se tornarem apenas cinzas.

– Está consumado, senhor Ioshua, nada mais nos resta. Vamos embora daqui, pois o pecado não mais existe.

Mal sabia eu que, enquanto Pétrus fazia suas evocações ante as chamas, milhares de almas foram salvas e resgatadas daquele desterro. Assim se fez e partimos para outras paragens. Meu amado filho prosseguiu com sua missão doutrinadora e curadora, enquanto eu o acompanhei até o fim de meus dias. Mas antes que o ciclo completasse ele se casou e teve muitos filhos e a todos eu conheci e pude dar muito carinho e atenção. Não preciso falar que se tratava de resgate. Concordam?

Assim se deu a segunda queimada, a da Senhora Suprema Iiá Óhr Xum-Yê. Ou simplesmente Oxum-Yê e seu guardião supremo do mistério do amor.

Capítulo VI

Retornei à pátria espiritual já velho, mas o espírito mantinha a jovialidade, como se nada tivesse acontecido em terra. Estava revigorado e pronto para a nova missão. Narhoór me aguardava às portas da colônia com um sorriso aberto e amigo, e eu vinha escoltado por guardiões da mais alta estirpe, inclusive o meu, que estava ao meu lado me pedindo desculpas por mais uma de suas sacudidelas. De minha parte, eu já o havia perdoado há muito tempo.

– Bem-vindo de volta, filho. Graças e paz da parte do Senhor todo-poderoso. Como se sente?

– Estranhamente revigorado, mas sinto que preciso de tempo para recuperar a memória um tanto esquecida, talvez em função do período vivido no corpo que tão bem me serviu!

– Claro, como não? Como poderia me esquecer disso? Venha, vou levá-lo ao seu quarto para que reponha suas energias, depois conversaremos melhor.

Chegamos à velha choupana, que eu jurava estar ocupada, mas depois vim a descobrir que ela só servia a mim, quando parti para minha missão ela se desfez. É um mecanismo muito utilizado nas colônias espirituais. Até os dias atuais eu moro nela e lá me recolho quando preciso repor minhas energias e me limpar das nojeiras que recolho quando vou realizar meus trabalhos junto de meu filho em terra.

Retomando nossa história. Permaneci vários dias em repouso tentando me lembrar das dores e aflições sofridas, tanto encarnado como também na vida espiritual, então me recordei das palavras gentis do mentor querido, quando me disse que várias outras missões eu teria em corpos físicos. Assim me dei conta que o trabalho me aguardava. Então, fechei meus cadernos de apontamentos e saí apressado em busca do mestre Narhoór. Onde estaria ele? Perguntava-me ansioso. Olhava aqui e acolá, quando notei que a grande mansão não mais existia, e no lugar dela havia uma casa muito simples e à sua frente um grande portal de luz se abria, irradiando uma luz cristalina branca, intensa e cintilante, difícil de descrever com exatidão. Então, me distraí admirando a beleza do lugar, pois a paisagem que se apresentava era maravilhosa. Não via mais pontos negativos, e os trabalhadores se apressavam em servir os que ali chegavam, levando alento e carinho. Os socorristas guiavam seus veículos com extrema habilidade e rapidez, e cada um que chegava trazia muitas almas flageladas, que com certeza foram resgatadas dos umbrais, aos quais eles mesmos se submeteram, como eu me rendi, em algum momento de minha existência. Algumas traziam a marca da redenção de outras esferas evolutivas, outras foram geradas para o planeta Terra mesmo, e ainda outras simplesmente foram resgatadas, mas não tinham marcas de encarnação. Na certa eram mentores ou guias naturais, ou seja, nunca encarnaram e não se contiveram em ver seus protegidos perdidos nas masmorras do ódio e demais sentimentos mesquinhos e se aventuraram pela escuridão na tentativa de salvá-los. Quando fizeram isso foram capturados pelas hordas cruéis dos inimigos do amor que se multiplicavam pelos vários graus do embaixo. Fiquei um longo tempo observando o vaivém dos trabalhadores e buscava encontrar alguma oportunidade de auxiliá-los, até que fui despertado pelo mestre Piétrus.

– Salve, irmão Hirór, sente-se melhor nesta manhã?

– Melhor impossível, senhor. Tive apenas que recobrar os sentidos após minha chegada aqui, mas meu corpo espiritual está em plena forma.

– Como pôde constatar, o trabalho revigora a alma e nos dá ensejo de servir ainda mais! Concorda?

– Sim, plenamente. Mas me diga uma coisa: onde posso encontrar o senhor Narhoór?

– Ele retornará em breve, está em outra colônia tratando de sua próxima missão junto dos servidores de lá. Mas, se quiser, pode me acompanhar, temos muito trabalho a ser feito e pelo que vejo você está inquieto. Não é mesmo?

– Sim, estou vendo esta movimentação toda e sinto que preciso ajudar de alguma forma.

– Então, venha.

Acompanhei o velho mestre até uma espécie de hospital, muito bem iluminado e limpo. Mas, chegando lá, não me detive em perguntar:

– Uma última pergunta, senhor. O que é aquele portal de luz em frente a sua casa, que, aliás, está muito mais bela do que antes?!

– Foi aberto pelos mestres do alto para acolher as almas que Christianus consegue salvar. No fundo, é a luz que ele mesmo irradia de si. Não é impressionante? Logo ele retornará e retomará seu posto. Dignar-me-ei a recepcioná-lo e louvar o nome de nosso Amado Pai, por sua obra bendita. Agora, vamos trabalhar. Fique aqui nesta sala e faça a triagem dos que aqui chegarem, o irmão Vicentius irá orientá-lo. Por favor, Vicentius, apresento-lhe Hirór, um grande servidor das esferas terrestres que irá auxiliá-lo temporariamente, está bem?

– Sim, senhor Piétrus, será um prazer trabalhar em tão nobre companhia!

– Obrigado, farei o melhor que puder – respondi satisfeito.

Ele se retirou apressado, como sempre, e eu me entreguei ao labor solícito, atendendo o novo amigo com atenção, mas não sabia o que fazer com os irmãos que entravam na sala, apenas os acolhia carinhosamente e os deitava em uma das macas e ficava orando enquanto aguardava o atendimento de Vicentius. Percebendo minha angústia, ele então me socorreu:

– Vejo que não sabe muito bem o que fazer. Acompanhe-me durante o próximo atendimento, porque vou lhe ensinar um mistério, que acabei de receber autorização para fazer.

Fomos até um leito próximo a uma janela, que tinha uma cortina alva pela qual a luz do sol penetrava suavemente. Percebi o sofrimento do pobre homem, mas por quê?

– Preste atenção nesta pastilha, ela soltará uma fumaça densa que nos ajudará a limpar o perispírito dele.

Ele apontou a pequena pastilha para o alto e em instantes ela se transformou em chamas. Em seguida, uma fumaça branca começou a sair dela. Então, Vicentius passou a ferramenta pelos pontos energéticos, conhecidos como chacras, e no interior deles centenas de larvas se agitavam, como que a querer devorar as entranhas do infeliz que se retorcia em dores. Com um instrumento pontiagudo, o enfermeiro passou a aniquilar os vermes um a um, até que o corpo espiritual ficasse livre daquelas moléstias asquerosas. Depois meu amigo me deu várias pastilhas que tirou de seu alforje e disse:

– Mãos a... Ou melhor, pastilhas à obra!

E deu uma pequena risada e eu também, mas indaguei sorrindo:

– Entendi tudo, irmão Vicentius, contudo não tenho o instrumento que utilizou no final. O que fazer?

– Erga a destra e ele surgirá na medida da necessidade. Não pense que existe só um tipo de instrumento como aquele. Ele não é de meu uso exclusivo, mas de todos que se dispuserem a utilizá-lo. E mais uma coisa: não se espante, pois não verá somente larvas. Se tiver dúvidas, é só chamar.

Então me senti mais seguro para realizar o trabalho e acolhi uma senhora que quase não conseguia parar em pé. Com carinho, deitei-a num leito bem confortável. Ela se contorcia terrivelmente, como se houvesse punhais fincados em sua coluna cervical. Segui as instruções do amigo e logo a pastilha soltava sua fumaça e instintivamente eu a soprei, aspergindo por todos os chacras, e fiquei espantado com o que vi. Vermes enormes com várias cabeças fincavam suas presas venenosas no útero da paciente que gemia constantemente. Sem perder a calma, ergui a destra para o alto e imediatamente senti que um punhal estrelado surgiu na mão e eu o apliquei sobre os vermes que foram instantaneamente queimados. Depois de tudo consumado, fui inspirado a impor minhas mãos sobre o frontal da cabeça da senhora e um inventário de sua encarnação se desenrolou à minha frente. Eu memorizei tudo com atenção e depois o descrevi ao novo amigo, que me explicou:

– Trata-se de um aborto de duas crianças geradas pela maldade do estupro. Isso era comum onde ela vivia, mas também fazia parte de seu plano de vida. Você mesmo foi testemunha daquele lugar. Mas o que agravou mesmo a situação foi que ela se deixou levar pelo ódio e a depressão, obviamente influenciada pelos espíritos que deveriam nascer de seu ventre. Em vez de perdoar a pobre mulher, o que seria mais sensato, castigaram-na até a morte. Então, ela ficou amargando essa situação aprisionada no umbral de sua consciência, enquanto os fetos se transformaram em larvas para destruí-la. Mas agora ela ficará bem, já que este foi seu único erro. Dê esse fluido e verá que ela adormecerá, e poderá ser encaminhada para o tratamento adequado no próximo setor. Aqui nós só triamos e limpamos os recém-chegados.

– Obrigado pelos esclarecimentos, caro amigo. Vamos prosseguir?

– Vamos, mas sugiro que faça anotações, em vez de memorizar. Será com o auxílio delas que analisaremos as necessidades de cada um.

Atendi Vicentius e dei continuidade ao trabalho sem me cansar. Muitas coisas eu aprendi com os casos que se apresentaram, e a maioria deles por descuido da própria consciência. Depois de tudo o que passei, eu diria que estragar uma oportunidade bendita de vida com devaneios inúteis é puro desperdício de tempo, tanto da espiritualidade, como do próprio ser. Mas o que fazer? Na época eu não podia fazer nada, mas nos dias atuais eu faço com muito prazer. E quando o chicote baiano estrala, é o mesmo que os safanões que levei...

Bem, como o mestre Piétrus havia previsto, em breves dias meu mentor retornou de sua jornada da outra colônia. Imediatamente ele me procurou e me convocou para uma reunião:

– Venha, Hirór, precisamos conversar a sós. Vejo que seu progresso aqui foi positivo.

– Oh sim, mestre! Vicentius é um grande servidor e me orientou muito bem. Sinto-me feliz e já estava me acostumando com o trabalho. Até que foi interessante verificar a involução daquelas almas infelizes!

– O trabalho de triagem é sempre gratificante, e num futuro ainda distante esse trabalho há de ser feito ainda em terra. Muitos mecanismos estão sendo desenvolvidos para isso, você verá!

– Do que se trata nosso próximo assunto, senhor?

– Vamos partir em breves dias para outra colônia. Sua missão não será assim tão grave, mas exigirá muita disciplina.

– Posso saber o que é?

– Por enquanto não, porque os planejamentos estão em andamento. Teremos tempo suficiente para o seu preparo.

– Quanto?

– Não sei a razão de sua pergunta, todavia não sabe que não se conta tempo aqui?

– Perdoe-me, é que estou curioso.

– Pois então ocupe sua mente com os estudos das magias deste livro. Logo o iniciarei em todas elas para que as use em terra. Será preciso muita atenção e discernimento para que não as utilize em ocasiões desnecessárias ou apenas em proveito próprio. Tais ferramentas lhe servirão para a execução de suas próximas tarefas. Agora trate de se dedicar em absorver as lições do livro.

– Assim será, mestre.

Dediquei-me totalmente ao estudo daquele extenso livro, que parecia não ter fim. Não posso abrir o total teor das magias ali contidas, mas sei que tive que tê-las na ponta da língua, como se diz atualmente. As determinações eram extensas e deviam ser ditas com firmeza e fé, e eu não estava dando conta de decorar todas elas. Estava quase desanimando quando Na-rhoór me socorreu com palavras duras:

– O que pensa que está fazendo? Desistindo? Não vê que é uma dádiva divina alcançada pelo merecimento? Faça sua escolha, é livre para isso, mas depois não venha reclamar!

– Não vou desistir, mestre, apenas estou confuso ante tão extenso conteúdo.

– Você ainda não viu nada! Antes de poder utilizar qualquer um dos recursos contidos neste livro deverá estudar outro de suma importância. Só depois de ser aprovado pelos Sacerdotes Guardiões Supremos das Leis nele contidas é que eu poderei iniciá-lo.

Retomei os estudos sem reclamar. Depois de terminar, o outro livro me foi entregue com considerações para que eu simplesmente memorizasse cada linha de cada página, que eu não sei precisar quantas eram. Incontáveis anos se passaram em estudos aplicados sobre todos os aspectos das Leis, até que chegou o dia de minha sabatina, perante todos os guardiões, na qual finalmente fui aprovado, depois de longas horas de perguntas e mais perguntas. É assim mesmo, mas aguardem para ler até o fim e verão o tamanho de minha idiotice. Se pensam que minha saga se deu apenas com vitórias e missões bem-sucedidas estão enganados.

Resumindo um pouco, o Senhor Narhoór efetuou as iniciações em mim, durante sete períodos de Sol e de Lua, sete de chuva na terra e sete dentro de um vulcão. Depois mais sete imerso nas águas sagradas do mar, enfim em todos os campos energéticos do alto, do embaixo, à esquerda e à direita, e em todos eu recebi um símbolo sagrado. Como o tempo espiritual é diferente do tempo terreno, tomem por base que um período equivale a 77 dias, mais ou menos. Daí se tem uma vaga ideia do tempo que me submeti para ser iniciado nas magias sagradas e eternas, cuja essência se dá no âmago da alma imortal e que a maioria de nós, guias licenciados, utilizamos nos trabalhos terrenos quando incorporados nos médiuns devidamente preparados.

Depois de tudo consumado, me senti mais confiante, mas então vieram as missões que o mestre havia previsto mais de uma centena de anos antes. E vou resumi-las depois do próximo capítulo para não nos alongarmos muito, pois se trata de tarefas realizadas para todos os Senhores e as Senhoras do Altíssimo, mas podem chamar de Sagrados Orixás, apesar de eu não concordar muito com estes termos dentro da Umbanda. E se fosse contar tudo o que se passou teríamos um livro muito extenso e de difícil leitura. Mas antes vou lhes contar sobre minha próxima passagem e a dura lição que aprendi.

Capítulo VII

– Vamos logo, porque depois de tantas iniciações creio que você já está preparado para a próxima missão em terra!

– Do que se trata esta missão, senhor?

– Ainda não sei exatamente, pois não participei dos planejamentos. Apenas consenti os seus préstimos. E saiba desde já que, haja o que houver, estaremos ao teu lado.

– Confio no senhor, meu mestre e salvador, e não temo a batalha, sinto-me plenamente confiante!

– Guarde suas palavras, e principalmente da soberba! Agora segure minha mão, vou ensiná-lo como viajar por estas paragens.

Obedeci à ordem de Narhoór, que em instantes me mostrou o segredo da volitação. Sendo assim, nossa viagem se deu em alguns segundos, sem que eu pudesse ao menos admirar a paisagem. Aterrissamos na entrada de uma cidade espiritual um tanto enevoada, como que estando disfarçada em meio às nuvens. Mas por quê?

– Aquiete sua mente e me acompanhe, os perigos aqui são muitos. Depois entenderá melhor o que digo.

Estranhei a ausência de guardiões para nos recepcionar, mas atendi à recomendação do mentor sem reclamar. Detive-me apenas em olhar, sem nada pensar ou reagir.

Caminhamos lentamente pelas vias congestionadas da colônia, mas os espíritos pareciam não estar em si, o que me causou mais estranheza. Enfim chegamos à sede, que se apresentava um tanto quanto castigada, eu diria; parecia mesmo estar em ruínas. Porém, o ambiente interior era bem cuidado e limpo. Nele os servidores nos aguardavam sorridentes:

– Entrem, caros irmãos, sejam bem-vindos à nossa humilde casa!

– Saudações, senhor Rail, paz e luz da parte de nosso amado Pai. Apresento-lhes meu servidor, Iran Hirór Férnom Akar. É ele quem os auxiliará, mas antes precisamos saber o que nos aguarda, concordam?

– Paz e luz, caro irmão Narhoór, é com grande alegria que nos apresentamos. Meu nome é Iiór Rail Bhrand Kirmhell-Yê, ou simplesmente Rail, este é meu fiel companheiro, o irmão Iiór Rajri Rail Agne-Yê. Somos protetores desta colônia que, não sei se repararam, requer cuidados intensos, o que nos impossibilita a ausência por períodos longos. Ela ainda existe graças aos nossos esforços, mas em decorrência das capturas de nossos parceiros guardiões estamos enfraquecidos.

– É um prazer conhecê-los, senhores, creio que meu mestre já os conhece muito bem. Sou Iran Hirór Férnom Akar, mas podem me chamar de Hirór, se preferirem, e coloco-me à sua inteira disposição.

– Sim, o irmão Narhoór já nos apresentou seu histórico e estamos felizes e honrados em recebê-lo para a difícil tarefa que lhe será designada.

– Será que finalmente vou poder conhecer o teor desta tarefa?

– No tempo certo, Hirór, nada será passado em palavras.

– Pelo jeito as coisas por aqui não vão bem...

– Não mesmo, desde que nossos servidores dos portais foram brutalmente capturados pelas forças do astral inferior, estamos entregues às formas-pensamentos que emanam das mentes desregradas dos pobres irmãos encarnados que alimentam a maldade e nos fazem reféns deste quadro quase irreparável. Esperamos que você possa dar jeito nisso!

– Farei o melhor que puder!

– Não quero que faça o melhor, filho, mas o impossível é uma boa medida para começar.

– Obrigado, mestre, suas palavras são animadoras!

– Por acaso pensa que tudo que lhe foi passado serviu apenas para seu bel-prazer? São instrumentos divinos e devem ser utilizados para a realização do impossível, muito embora eles permanecerão latentes enquanto estiver na carne!

– Ora, vamos deixar essas divagações de lado para que nos concentremos na missão que temos para você, senhor Hirór – interrompeu o senhor Rail.

– Bem observado, por favor, desculpem-nos.

– Não há de que, querido companheiro.

– Há mais algo que possamos esclarecer?

– Sim. Por que este lugar está coberto de névoas e não é iluminado como os outros?

– Como disse anteriormente, nossos guardiões foram sumariamente capturados pelas armadilhas dos inimigos que habitam as trevas, que fazem de tudo para nos encontrar também e dominar este lugar. Mas nossas emanações mentais sugam o ar e o deixam neste estado constante. Inclusive nossa sede, que, não sei se percebeu, parece estar em ruínas justamente para nos proteger dos ataques constantes armados por eles. Não nos cabe julgar o motivo de tanto ódio, apenas temos profunda compaixão e oramos ao Pai para que Ele os conceda a misericórdia por seus atos impensados e insanos, pois sabemos que no tempo justo haverá o julgamento, e que a sentença seja branda na medida do possível.

– Como pode ser? Guardiões capturados... É difícil de entender!

– Antes deles, muitos trabalhadores da mais alta hierarquia tentaram socorrer as almas encarnadas em missões de socorro, mas foram aprisionadas em armadilhas mesquinhas. Como não conhecemos a dualidade em sua plenitude, tudo o que pudemos fazer foi enviar os guardiões, que se renderam para evitar o pior. Assim, um a um foram sendo levados, até que nos restou apenas um, que se mantém oculto enquanto se prepara em estudos para combater tais inimigos com as armas que eles mesmos criaram. Até lá contaremos apenas com o sucesso de sua empreitada.

– Digno-me a permanecer em silêncio, pois vejo que a missão será um tanto quanto árdua. Não pretendo deixar a soberba se apoderar de mim para que a vaidade não se sobressaia sobre a virtude.

– Muito bem! Seu comportamento me inspira confiança.

– Certo, mas por onde devemos começar?

– Acalme-se, filho. Em três luas você será devidamente preparado em outra colônia e de lá partirá para a carne e suas diretrizes serão passadas durante o repouso característico que antecede tal procedimento.

O mentor apanhou um pergaminho das mãos de Rail, que então se despediu de nós, e partimos para um lugar mais acima da colônia, que parecia mais sombria do que quando chegamos. Ao nos aproximarmos, tivemos de nos identificar a um senhor que se despiu de um disfarce bem adequado para aqueles portais densos. Ele então abriu as portas, desativando brevemente as cercas energéticas e fez com que entrássemos rapidamente. O interior já se apresentava mais familiar e iluminado, quando alguns servidores nos conduziram a um alojamento onde pudemos nos concentrar nas diretrizes descritas no pergaminho que o mestre Narhoór recebera anteriormente.

– Vamos, Hirór, preciso que se detenha ao que vamos ver, pois se trata do ambiente onde irá habitar por alguns anos em terra.

Uma tela se abriu em nossa frente enquanto os enfermeiros me deitavam num leito bem confortável para receber o tratamento comum a toda alma prestes a reencarnar. Era um país dominado pela ambição e pelo sentimento de guerra, dando a impressão que seu governante queria dominar toda a Terra. Ele persuadiu toda a população prometendo recompensas que não podia pagar. Toda a Igreja se rendeu aos seus subornos e o apoiava. O Mestre Supremo Jesus Cristo já tinha feito sua passagem pela Terra, mas pelo que vi Suas palavras não foram muito bem compreendidas. Os cordões energéticos negativos partiam dos lugares mais recônditos das trevas e se ligavam até mesmo aos recém-nascidos, e nada escapava daquela teia de ódio que se formou e envolveu todo o país. Então, eu vi a miséria se alastrar e não havia um só lugar para o amor, para a compreensão e para o perdão, nem mesmo nas igrejas. Os soldados deixavam suas mulheres e seus filhos sozinhos enquanto partiam para batalhas intermináveis e destruíam tudo o que viam pela frente, aumentando ainda mais a cadeia odiosa dos líderes trevosos que se compraziam com tudo aquilo, divertindo-se com altas gargalhadas guturais. Meu corpo tremeu de medo, mas já não dava mais tempo. Minha missão fora dada. Eu iria reencarnar em meio a tudo aquilo como um sacerdote que deveria apaziguar os corações aflitos e levar bom senso aos líderes, com o auxílio da magia das palavras e, porventura, de algumas curas milagrosas, mas principalmente por atos, para dar exemplo. Assim, aproximadamente no ano 122 d.C., eu aportei novamente em terras anglo-saxãs, dominadas pelos romanos. Creio que não preciso esclarecer os fatos históricos, não é este meu objetivo.

Minha família era de natureza nobre, o progenitor era rico e bem-sucedido e mamãe, apesar de ser carinhosa e cuidadosa com suas tarefas, profanava o lar com seus deleites e amantes incontáveis. Mas meu pai não ficava atrás e parecia não se importar com o adultério de sua esposa. Além das bebedeiras constantes, ele organizava bacanais que prefiro não descrever. Várias vezes eu testemunhei aquelas festas licenciosas em silêncio, enquanto me sentia abandonado no quarto. Aquilo tudo me enojava e ao mesmo tempo me trazia curiosidade, porque afinal as mulheres que lá estavam não eram adultas, mas tão jovens quanto se podia imaginar. O que seria aquilo que eles estavam fazendo? Enquanto fora do imenso castelo a miséria e a pobreza imperavam, ali dentro parecia um mundo à parte, recheado de banquetes suntuosos e regado a muito vinho da mais alta qualidade. Mas, afinal, quem era eu para discutir isso com alguém? Ninguém além de uma criança tão inocente quanto as meninas que se entregavam por uns trocados, trazidas pelas próprias mães, que por serem mais velhas já não serviam aos propósitos nojentos daqueles homens gordos que se julgavam nobres.

Quando estava para completar 15 anos, uma tia me levou ao mosteiro para que eu concluísse meus estudos. Foi por isso que me interessei pela vida sacerdotal. Sem conhecer completamente os bastidores da vida dos padres, com algumas exceções, dediquei-me aos estudos da Bíblia e tão logo atingi a maioridade tornei-me padre, para o espanto de meus pais.

Meu pai não aceitou muito bem a ideia de eu ser um reles padre e, utilizando-se de toda sua influência, tratou logo de mexer seus "pauzinhos" para que eu alcançasse um grau mais elevado na hierarquia, sem que eu soubesse, é claro. Mas minha vocação logo se sobrepôs a qualquer expectativa. Eu atendia a todos com extrema boa vontade, diferentemente dos demais clérigos, que se detinham apenas em satisfazer seus egos mundanos. Sempre que podia eu distribuía alimentos aos miseráveis que rodeavam a igreja e tratava os doentes sem temer as ameaças vindas dos superiores, que não compartilhavam comigo o justo dever sacerdotal. Um dia, quando estava em meio às minhas tarefas corriqueiras, recebi a inesperada visita do patriarca, que ficou me observando em silêncio, até que notei sua presença:

– Papai, mas que surpresa! Que bons ventos o trazem?

– Como vai, meu filho querido?

– Bem, graças ao bondoso Deus que me alimenta a alma! Como está mamãe?

– Tão bem quanto eu, assim espero! Mas, me diga, podemos conversar?

– Claro, como não?

– Sei que está realizando suas tarefas perante a Igreja da maneira que pensa que está certo, mas essa não é a verdade!

– E como deveria ser então? Da maneira que conduzes as festas em sua casa?

– Não me desafie, ainda sou seu pai...

– Não tenho esta intenção. Mas o que um sacerdote deve fazer senão atender os pobres e oprimidos? Apenas rezar missas e recolher donativos para uma obra invisível e inútil a esse povo tão carente?

– Tudo tem seu tempo e lugar, rapaz, é melhor que pare de desafiar os superiores com suas ideologias, senão em breve estará arruinado! O bispo veio ter comigo esta manhã e solicitou que eu tivesse essa conversa com você e entendo as razões deles. Portanto é melhor que pare com suas idiotices, senão...

– O que, pai?

– Eu o esconjuro e não terá mais direitos aos meus bens.

– Se assim deseja, então que seja. Não me interessam seus bens e, por favor, não me importunes mais.

Papai então me olhou nos olhos pela última vez e se retirou furioso, esbravejando pelo saguão.

Distraí-me enquanto observava a carruagem luxuosa indo pelo fim da estrada e pensava comigo mesmo: "Por que tanto interesse em me afastar destas atividades que são benignas aos olhos do Divino Senhor? Onde foram parar os ensinamentos do Evangelho?".

Sem encontrar as respostas adequadas, terminei meus afazeres e me recolhi para rezar. Mas enquanto me dirigia ao aposento ouvi vozes no quarto ao lado e a curiosidade não permitiu que eu ficasse sossegado. Aproximei-me cuidadosamente do quarto e vi o bispo diante de uma senhora que oferecia sua filhinha em troca de dinheiro. O sacerdote então abriu uma gaveta da cômoda e pagou a quantia razoável negociada. A senhora então deixou sua filha aos cuidados do pároco, que acariciou maliciosamente a face da menina, esboçando um sorriso macabro. Deste ponto em diante é melhor não comentar mais.

Fiquei chocado com aquilo. Não podia acreditar que até mesmo na Igreja tais atos profanos pudessem se proliferar. Deveria ser o contrário. Mas o que fazer? Lutar contra aquilo sozinho? Então é por isso que o superior exigia que eu me detivesse apenas em rezar missas? Pensava eu. Entreguei-me à oração fervorosa buscando o fortalecimento da fé e o entendimento para tanta crueldade, enquanto no cômodo ao lado ouviam-se os sussurros prazerosos daquele homem desprezível que se julgava um sacerdote e que queria o fim de meus serviços em favor do povo.

Logo a noite derramou seu manto sobre a cidade, que se declinou aos seus bacanais. Eu tentava dormir quando escutei alguém batendo na porta do quarto. Levantei-me ligeiro para atender e uma linda moça se apresentou. Seu vestido insinuante exibia um decote na altura dos peitos e sua face alva, de lábios rubros e grandes, era um verdadeiro convite para o desfrute. Fiquei um pouco envergonhado, pois, além de não estar vestido, nunca havia me deparado com tamanha beleza antes, a não ser nos festins da mansão de meu pai. Num súbito arroubo da imaginação, viajei até os tempos juvenis, quando presenciava aqueles bacanais às escondidas. Sacudi a cabeça rapidamente, como quem desperta de um desmaio e indaguei à jovem:

– Boa noite, senhora, em que posso ajudá-la?

– Boa noite, padre Aurélius. Será que o senhor poderia ir até minha casa? Minha mãe está muito mal!

– Sim, claro. Espere um pouco aqui que vou me vestir e já volto!

Deixei-a no corredor e rapidamente pus meu hábito sacerdotal e saí. Caminhamos rapidamente até uma vila pobre e suja, como era comum por aquelas paragens. A falta de higiene era a causa da maioria das moléstias que assolavam os moradores, mas nada se fazia para melhorar isso. Em poucos minutos chegamos à casa da menina, onde alguns homens se reuniam em torno de uma mesa e bebericavam, sem se importar com os acontecimentos. A mulher realmente estava gravemente enferma. Sem saber o que fazer, pedi à menina que me trouxesse um pote com água e, quando ela se retirou, pus-me a orar pedindo inspiração do alto. Nisso a mulher começou a se contorcer e a tirar os cobertores de cima de si. Parecia estar mesmo possuída por algum demônio, este era meu pensamento na época. Tentei segurar os braços dela para mantê-la no leito, quando senti uma forte energia se apoderar de mim. O que era aquilo eu não sabia, mas a mulher se curou instantaneamente. Ela se ajoelhou aos meus pés e me beijava as mãos agradecida, quando a menina entrou novamente trazendo o pote que pedi. Quando viu sua mãe curada, também se prostrou demonstrando gratidão. Foi então que vi um pouco mais daqueles seios juvenis e sedosos se oferecendo para mim. A tentação tomou conta de meus pensamentos. O que está acontecendo comigo? Perguntava-me confuso. Depois que livrei a mulher de seu infortúnio parece que fui tomado pelo desejo. Daí minha queda estava armada, não obstante os safanões do guardião que imediatamente se colocou a postos, mas desta vez foi em vão. Uma força maior se instalou em mim e eu não conseguia me esquivar dela. Depois de três dias de intenso conflito interior, em que paralisei todas as minhas obras assistenciais, não me contive mais e fui ter com a moça, pois precisava tê-la em meus braços ao menos por uma noite, para me livrar daquele fogo ardente que se espalhava em meu interior. Eram as forças malignas que lançaram suas teias sobre mim e me dominaram completamente. Todos os esforços de Narhoór e do guardião foram em vão. Num simples abraço, todo o planejamento de uma encarnação inteira se arruinou e numa

Capítulo VII

simples noite eu me tornei apenas mais um a cair nas malhas da perdição, dominado pelo inimigo que se ocultou em meu perispírito. Sem reagir me entreguei aos prazeres luxuriosos daquele lugar até me tornar um papa, poderoso, corrupto e hipócrita.

Assim que deixei a carne, caí no mais profundo abismo, onde minha saga se reiniciou de uma maneira surpreendente até para mim. Como disse antes, se pensaram que minha história foi só de vitórias, se enganaram. Mas nem tudo estava perdido...

Capítulo VIII

Lá estava eu, um papa da mais alta hierarquia e, além disso, um mago da luz cristalina, transformado em nada, no meio da escuridão vazia e solitária. Rastejando e apalpando o solo frio, úmido e fétido, procurando uma explicação para tal acontecimento, afinal eu fora um homem dedicado à Igreja e temente a Deus. Mas os inúmeros pecados não me passavam pela mente, estava cego neste ponto, portanto não havia arrependimento. Apenas me dignava a clamar por socorro e logicamente não era atendido. Não havia dias nem noites, apenas escuridão. De repente comecei a ouvir lamentações e gemidos e prosseguia sem me dar conta de meu estado cadavérico e horroroso, até que me vi diante de um trono ocupado por um ser de enormes proporções, semelhante a um touro mesmo. Enormes chifres saíam de sua testa, mas seu corpo era o de um homem, com músculos bem torneados. Na cintura ele carregava uma espada sem brilho e toda ensanguentada e a seus pés se estendia um tapete repleto de caveiras, que também adornavam seu trono. O que era aquilo? Perguntava-me.

– Ora, ora... Vejam quem nos dá a honra de sua presença...
Disse a criatura em meio a risadas prazerosas.

– Quem é você, ser desprezível?

– Abaixe o tom de sua voz, ó papa, ó salvador... Quanta honra...

E continuava rindo.

– Pelo visto já me conhece!

Ele simplesmente continuava rindo e olhando para cima, como que a declarar sua vitória, reclamando seu prêmio.

– Eis aqui seu enviado, estúpido, olhe no que se transformou. Em nada, como você se transformará um dia!

Dignei-me a ficar calado, pois percebi que não adiantaria argumentar com um ser tão asqueroso e ignorante. Mas qual a razão de tanto ódio?

Anos a fio eu permaneci em silêncio, prisioneiro naquele calabouço infernal, até que meus erros começaram a se refletir em minha mente e eu despertei para a realidade. Não tentei me esquivar deles, apenas os enfrentava e pedia perdão. Todos os meus atos se passaram na tela mental como um filme e eu me prostrei naquele chão escuro e orei fervorosamente, rogando o perdão por todas as mulheres que estuprei e maltratei, para satisfazer um sentimento que não era meu, mas que fora implantado no âmago de minha alma naquela fatídica noite em que curei a mulher. Busquei freneticamente dentro de mim aquele mal, para arrancá-lo a todo custo, pois sentia que o fogo ainda ardia e me levava à loucura. Até que o encontrei. Extraí aquela serpente enorme com uma raiva que eu desconhecia até então e a aniquilei com uma espada que surgiu repentinamente em minha destra. Com a ajuda dela me levantei e me senti revigorado. Precisava fazer alguma coisa, mas o quê? Fiquei arquitetando alguma maneira de escapar dali, mas enquanto não conseguia tentava auxiliar algumas almas que podia enxergar no meio daquele turbilhão de sofrimentos e escuridão. Até que meu companheiro guardião se apresentou destemido.

– Será que está mesmo arrependido?

– Sim, claro, meu amigo. Não faria tudo o que fiz por minha própria consciência. Fui envolvido pela armadilha dos inimigos que me aprisionaram aqui e juro que quero sair e derrotá-los em seu próprio território.

– Vou auxiliá-lo, mas derrotar esses imbecis aqui será uma tarefa um tanto assustadora. Tem certeza disso?

– Absoluta. Se Deus estiver conosco, nada há de nos derrotar. Quero ver aquela criatura gargalhar depois que eu terminar. Eu vim para uma missão e vou levá-la a termo, ainda que seja neste desterro.

– Não estaremos sozinhos, é bom que saiba. Ele tem muitos inimigos e todos estão apenas aguardando uma oportunidade para vê-lo subjugado.

– Mas então por que não fizeram isso antes?

– Por falta de recursos. As chaves da dualidade e suas armas estão sendo desenvolvidas e não há servidores completamente aptos para derrotar esse idiota em seu hábitat. Como você possui a dualidade, as armas da Lei surgirão à medida da necessidade, só assim poderá liderar nosso exército. Eu mesmo estou aprendendo muitas coisas quando você está em missões enquanto encarnado, assim minhas armas vão sendo desenvolvidas. Eu possuo apenas o poder das magias, e posso me ocultar ou então me misturar ao ambiente, mas para combater tais inimigos precisarei de conhecimentos mais específicos. Mas, logo os servidores do grande Mehor se apresentarão e nos treinarão adequadamente, então venceremos os inimigos deste plano e resgataremos milhões de almas para que sigam evoluindo, essa é a vontade suprema e ela há de ser respeitada. Agora vamos sair daqui!

Saímos da prisão em alguns instantes e seguimos pelos corredores sombrios, libertando outros prisioneiros em silêncio, muitos dos quais pertenciam à colônia do alto. Seguimos até os portais dela, onde deixamos as almas resgatadas, e depois nos preparamos para retornar para aquele covil nojento. Confesso que tive um pouco de medo, mas não recuei. Queria ver aquela cara novamente e desmascará-la aos meus pés, esse era meu objetivo, minha missão haveria de ser cumprida. Cuidadosamente seguimos pela vastidão escura daquele abismo até encontrar novamente o verme e seu exército. Todos estavam ocupados lançando seus cordões energéticos pela cidade, aprisionando as almas encarnadas e sugando-lhes a energia vital que emanava dos bêbados e viciados de toda sorte, assim como do sexo dos amantes incautos que se compraziam em atender aos apelos de seus obsessores. Pus-me a traçar a estratégia de combate, quando um estranho servidor se apresentou:

– Salve, senhor Hirór!

– Salve, mas quem é você?

– Um guardião de Mehor, que me enviou para auxiliá-lo. Teremos tempo para nos conhecermos melhor depois. Como pretende combater esses inimigos?

– Ainda não sei!

Estávamos rodeados de guardiões esperando a ordem para atacar, quando o novo amigo nos orientou.

– Ergam sua mão esquerda como estou fazendo e repitam comigo.

Todos obedecemos, mas o que foi repetido eu não posso revelar. Depois de fazermos as evocações sagradas da Lei Maior, surgiram espadas energéticas em nossas mãos, então ele continuou:

– Muito bem, agora vamos agir assim: vamos nos espalhar em silêncio absoluto e cortar os cordões primeiro. Depois atingimos os soldados um a um e não temam, pois eles estarão em estado de torpor. Quando todos estiverem dominados, eu e o senhor Hirór vamos ter com o líder. Quando estivermos diante dele, não se detenham, pois outra ferramenta lhes será dada, então devem começar a limpar o lugar com ela, recolhendo todas as larvas e ao mesmo tempo abrindo as cancelas energéticas das prisões que encontrarem. Mas é preciso que sejam rápidos, imediatamente conduzam os prisioneiros para serem limpos e socorridos. Quando estiverem preparados vamos agir.

– Todos prontos? – perguntei ansioso.

– Sim – responderam.

Partimos para a ação e em alguns minutos todos os serviçais estavam dominados e os cordões foram eliminados, como o amigo orientou. Apresentei-me diante do animal, enquanto o companheiro se manteve oculto. A criatura voltou a gargalhar debochadamente, sem se dar conta do ocorrido.

– Você de novo, como saiu da masmorra verme inútil?

– Cuidado com o que fala... – prefiro poupá-los da linguagem esdrúxula comumente utilizada nesses diálogos não muito salutares. – Não está em condições de ficar gargalhando e me ameaçando com promessas vazias!

– Quem você pensa que é para me dar ordens em meu próprio reino?

– Reino?... Que reino?

Quando tentou apontar ao redor com sua espada, percebeu a cilada em que estava metido.

– Como? Não pode ser... Quem ousa destruir meu reinado? Eu ainda não terminei com minha vingança... Não serei derrotado!

– Você já está derrotado, não há mais nada que possa fazer a não ser se render por bem, pois não hesitarei em aniquilá-lo se for preciso. Eu vim para livrar a cidade de sua influência maligna, e assim farei. Aliás, já fiz!

– Não vou me render...

Quando disse isso, meu novo companheiro se postou em sua retaguarda e fincou a ponta de sua espada bem no centro da coroa do infeliz e aos poucos sua máscara macabra foi derretendo, e então sua verdadeira identidade foi revelada. Envergonhado, ele se atirou ao chão chorando de ódio e pesar. Nada mais eu podia fazer, vendo que o guardião consentia, finquei minha espada de um azul flamejante, semelhante à da base do fogo, e esse foi o fim do inimigo que se transformou num ovoide e foi levado pelo Senhor Exu, que montou em seu enorme cavalo negro e sumiu em meio à escuridão já não tão densa.

Mas não me detive apenas a isso. Seguindo meu instinto, ateei fogo em todo aquele antro de perdição, me utilizando ainda da espada, e meu ato foi sentido por toda a cidade, que se regenerou em pouco tempo.

– Vamos agora, Hirór, logo esse lugar vai se tornar novamente o inferno das almas menos esclarecidas, mas com um novo responsável para que o julgamento justo se faça. Narhoór nos aguarda na colônia... Vamos!

Assim se deu minha terceira queimada em nome da Lei e sua Guardiã Suprema.

Capítulo IX

Desta vez fiquei alguns anos em tratamento quando retornei à pátria espiritual, pois meu corpo perispiritual não se apresentava em sua forma sadia. Isso é raro acontecer, porque o correto mesmo seria eu prestar serviços no embaixo, até que a regeneração ocorresse de forma menos traumática. Mas como se tratava de minha redenção aliada às necessidades de serviços em outras cidades espirituais, os superiores resolveram aplicar o tratamento intenso para minha recuperação rápida e mais segura.

Despertei muitos anos depois e me sentia plenamente recuperado, mas não sei precisar quanto tempo eu permaneci naquele estado letárgico. Só sei que o planeta já se apresentava em avançado estado de desenvolvimento, mas ainda um tanto primitivo.

Naquela noite eu estava observando a lua maravilhosa em toda sua plenitude, quando me recordei da última missão terrena e recuei ainda um pouco mais no tempo, até alguns anos antes, quando fui iniciado nas magias dos cristais. Abri lentamente a camisa que vestia e vi reluzirem os símbolos sagrados que adquiri pelo merecimento de meus feitos. Havia quatro, contudo eu só me recordava de três: o do Fogo; o das Chamas do Amor; e o das Magias do Setenário Sagrado dos

Cristais, licenciado inclusive pela Lei para utilizar todas as 77 chamas, dos 77 graus do alto, embaixo, da esquerda e da direita no plano evolutivo da dimensão humana. Mas de onde surgiu o quarto? A estrela azul de cinco pontas cravada no corpo brilhava tanto quanto a lua, não que os outros não brilhassem, mas aquele se destacava, talvez por eu estar em dúvida quanto a sua origem. Então, alguns raios começaram a sair da estrela e penetravam em meu pensamento lentamente e eu entrei num estado de transe. Desta forma, a cidade à qual eu havia salvado em minha última missão foi mostrada. Era uma grande metrópole e seus habitantes estavam mais disciplinados e as crianças eram respeitadas. Claro que com algumas exceções inerentes às necessidades do planeta, que era e ainda é de expiação e provas, porém se apresentava muito mais sadia. Recordei-me do obsessor que derrotei naquele antro infernal de centenas de anos atrás, e quando o guardião da Lei se retirava carregando o ovoide pela imensidão escura, uma luz intensa se fez no alto e a estrela foi marcada em mim, no momento em que queimei tudo. Naquele momento os novos responsáveis assumiram o posto naquele lugar e tudo tomou o rumo correto para o bem e a ordem da evolução.

Voltei a mim e pensei: será mesmo que mereci este símbolo sagrado? Depois de tantos erros que cometi como um sacerdote líder da Igreja, não seria surpresa se não o tivesse! Mas... O que será que levou aquela criatura a sentir tanto ódio a ponto de querer arrebanhar todos os irmãos em seu inferno?

A noite se foi rapidamente e a alvorada já pintava magnificamente o horizonte com suas cores divinas, quando escutei alguém batendo na porta. Levantei-me fechando a camisa e fui atender. Era Narhoór, meu mestre e salvador.

CAPÍTULO IX   103

– Saudações da parte do Senhor Nosso Deus, Hirór. Sente-se bem esta manhã?

– Sim, melhor do que nunca!

– Vejo que retomou sua velha forma.

– Ainda não reparei, aliás, eu nem sei se tive outra!

O mestre riu abertamente e retrucou:

– É mesmo meu menino de sempre. Está pronto para outra?

– Sempre, mestre. Mas antes gostaria de saber sobre aquele pobre homem que aniquilei no plano inferior.

– O que, por exemplo?

– Qual o motivo de tanto ódio no coração dele?

– Particularmente, acredito que o ódio é só a ausência de amor. Mas vamos examinar o histórico dele para podermos verificar melhor.

– Como faremos isto?

Narhoór cerrou os olhos e elevou as duas mãos ao alto, fazendo solicitações em linguagem cristalina, que naquele momento eu desconhecia. Em segundos um grosso pergaminho materializou-se nas mãos dele.

– Está mesmo disposto a saber? Este histórico é bem extenso pelo jeito!

– Por que não? A menos que não tenhamos tempo suficiente.

– Ainda temos algum tempo. Creio que poderemos examinar com calma a evolução do pobre homem neste plano.

Desenrolamos o pergaminho lentamente, até que o encontramos em condições evolutivas semelhantes à minha. A mesma origem e o mesmo grau, com a diferença que não estava destinado à encarnação. Sua missão seria mesmo de servir nas câmaras inferiores para tratar das almas enfermas e caídas até o terceiro grau. Ele era um iniciado na origem e tinha muito poder. O que aconteceu foi que ele não aceitou essa missão e não queria se sujeitar a viver naquele lugar, pois se achava em condições de assumir cargos melhores que aquele. Então, ele solicitou uma audiência com os superiores para se livrar de tal situação, o que foi negado por conta de seu histórico negativo no outro plano evolutivo, a menos que ele aceitasse a reencarnação como recurso. Sem hesitar, ele aceitou uma missão na carne, mas se deixou levar pelas circunstâncias das tentações e caiu no erro irreparável. Preso nas celas da consciência culpada, ele esconjurou a própria Lei, e em vez de se regenerar ele se entregou ao ódio em que eu o encontrei. Mas seu poder era tanto que conseguiu arrebanhar um exército de seguidores; ele acorrentou toda a cidade com a finalidade de possuir todos e destruir a colônia que salvamos. Por isso, os espíritos viviam letárgicos e sem vida, já que estavam sob a influência maligna daquele ser horripilante. Deduz-se, pois, que não houve só um anjo caído, concordam? Como ovoide, ele fora entregue aos braços do Senhor Supremo da Lei, que o gerou, e com Ele permanecerá até que os fluidos vitais negativos se esgotem, só depois será reintegrado à evolução se assim o Pai Maior permitir.

Foi então que entendi a origem da estrela marcada no peito e que brilhava como nunca.

– É assustador ver o que o ódio é capaz de fazer. Não é mesmo, mestre?

– Sim, Hirór. Graças à providência divina você não caiu nessa malha. Agora vamos, temos muito trabalho pela frente!

Nisso, o guardião Sohrôr se apresentou trazendo novas armas às costas. Cumprimentei-o alegremente e fui correspondido, e partimos para o alto, com a finalidade de assumir minha nova missão.

Chegamos a um lugar distante, onde fomos recepcionados por servidores gentis que nos acompanharam até um grande salão já ocupado por vários outros servidores. Foi nesse salão do grande oriente luminoso que recebi todas as minhas missões seguintes, sobre as quais vou lhes contar a seguir, e como disse antes, de forma resumida.

Capítulo X

A Sabedoria

Iniciava-se o ano 352 da era cristã, quando eu completei nove anos. Meu pai era um comerciante não muito rico, portanto os recursos que ele tinha não eram suficientes para sustentar meus estudos, mesmo assim eu já sabia ler, escrever e fazer contas. Como eu aprendi tantas coisas, ninguém sabia. O velho se admirava e se servia disso para exibir-me ante os amigos que lhe pagavam bebidas. Não obstante seu vício, ele era um homem bondoso e honesto. Minha mãe era descendente de família grega e além de mim teve mais 14 filhos, portanto se vê que era uma mulher forte e também muito religiosa, talvez daí tenhamos outra explicação para que eu não pudesse ser educado numa escola como os filhos de outros comerciantes mais ricos. Toda minha família estava de alguma forma ligada e em algum momento às tormentas do passado perdido na memória do espírito eterno. Vivíamos alegres, sem nos incomodar muito para as limitações que a pobreza nos impunha. Mas meus prodígios não passaram despercebidos. O padre, que era um homem muito bom, o que era raro, diga-se de passagem, percebeu meus dons natos e solicitou ao meu pai que me deixasse aos seus cuidados. Desde então fui integrado às melhores escolas católicas.

Não posso dizer que obtive o conhecimento de manipulação das ervas e suas propriedades apenas com o dom divino; em alguns casos sim, mas é que durante meus estudos catedráticos, pude passar seis meses num país distante chamado China, que por vocês é muito conhecido, e lá tive um professor pelo qual cultivei a amizade e o respeito que todo mestre deveria receber. Desta forma, o que era latente em meu subconsciente se tornou tão visível que às vezes penso que podia tocá-los. Os ensinamentos eram simples, não havia complicação, apenas a dissertação sobre a propriedade das folhas, das cascas e dos frutos e suas relações comuns na Natureza já valiam como maravilhoso exemplo. Manipular as ervas era simplesmente extrair delas o princípio ativo necessário para que os antibióticos naturais comumente conhecidos nos dias atuais se revelassem de forma eficaz e duradoura.

Mas havia outro segredo: Como identificar a doença para utilizar a erva correta?

– Ora, querido amigo John, se você está mesmo para concluir seu magistrado em ciências da medicina, com certeza aprenderá a reconhecer os sintomas!

– Não é tão simples, caro mestre, as coisas em meu país não funcionam assim. A maioria dos catedráticos não passa de curiosa, não obstante o fato de eles serem exímios conhecedores da anatomia humana. Além do que, eles se julgam profissionais e o pouco que sabem guardam com eles para não verem seus clientes debandarem para outros médicos. Basta-me citar o colega que cuida da família real, ele é tão mesquinho que nem sequer se dá ao trabalho de sair do castelo, onde tudo é limpo e bem cuidado, ele não conhece a realidade das ruas sujas e tampouco se interessa em saber. Desta forma é fácil exercer a profissão, se ninguém se infecta, ninguém fica doente.

– Concordo, senhor John, mas não leve isso em conta. Lembre-se de que se aqui está é porque a Igreja rica é que lhe sustenta a estadia. Mas voltemos ao estudo. Para reconhecer os devidos sintomas de cada doença é preciso estar atento aos olhos, à respiração, à condição dos membros e, por fim, saber o que alguns males do funcionamento dos órgãos interiores podem dizer através da pele, dos lábios e assim por diante...

Foi então que consegui encher meu caderno de anotações com informações valiosas a respeito das moléstias e seus sintomas, e assim me tornar um profissional melhor e mais humano.

Já no fim de meu estágio, ainda ouvi do mestre Him:

– Existem ainda algumas coisas que não pudemos conversar mais profundamente, mas no decorrer de sua vida perceberá que nem tudo é só estudo e dedicação. Os conhecimentos advindos da alma são muito valiosos, não deixe nunca que eles se percam nas sombras da descrença e da ignorância. Vejo em você um dom tão puro que não posso descrever com palavras, use-o sempre.

– Que dom seria esse, mestre?

– Você saberá no momento certo, não posso ensinar um sábio pescador a pescar, apenas admirá-lo, nada mais!

– Obrigado, senhor Him. Seus ensinamentos ficarão guardados para sempre em mim.

Depois de me formar, sentia que meus dons de magia estavam à flor da pele, embora isso fosse um mistério para mim. Intuitivamente eu realizava alguns movimentos com as mãos em seguida às evocações, que confesso não saber de onde vinham, e conseguia curar alguns nobres que os outros colegas de profissão julgavam estarem desenganados e muitos outros. É claro que não dava importância para a condição social de quem eu atendia, muitas vezes a pessoa nem era da cidade, mas que ficara sabendo de minha capacidade por intermédio de amigos ou parentes que conseguiram se curar pelos remédios que eu mesmo preparava e lhes ministrava em tratamentos demorados, aliados a seções particulares no singelo consultório situado no centro da cidade.

Enquanto exercia meu ofício, não conseguia ignorar a triste condição de as crianças de classes inferiores serem analfabetas e não terem acesso a escolas. Tinham direito apenas ao trabalho escravo que os pais lhes impunham. Precisava fazer algo para melhorar isso, pois não havia escolas, e os ministrantes acadêmicos, como eram chamados na época, simplesmente ignoravam a pobreza. Mas conforme meu prestígio aumentava à medida que realizava meus trabalhos, eu então resolvi me valer disso. Utilizando ainda alguns recursos financeiros próprios, construí um salão simples, onde, com a ajuda de amigos que dividiam comigo a realização de meu projeto, confeccionamos cadeiras e mesas e ainda um quadro-negro, como o das escolas mais abastadas, e ali arrebanhamos muitas crianças e começamos a lhes ensinar a ler, escrever e fazer contas, como eu fazia. Foi um sonho realizado. Mas não foi um mar de rosas, muito pelo contrário. Sofríamos retaliações constantes por parte dos pais que não queriam ver seus filhos perdendo tempo com idiotices; assim eles se expressavam. Particularmente eu pensava: "Será que eles sabem o que isso significa?". "Creio que não", alguém me respondia; obviamente eu não sabia quem. Algumas autoridades também se opunham, mas meu prestígio perante a monarquia os impedia de tomar alguma providência mais drástica. Vez por outra éramos atingidos por pedras e outras muitas vezes tive de ir buscar crianças em suas casas, pois sabia que dentro delas se escondiam grandes talentos que não podiam ser ignorados. A resistência aos poucos foi enfraquecendo até que sumiu, talvez pelo fato de verem as crianças mais felizes quando liam algo para os pais, e alguns destes se interessaram em aprender também, principalmente os mais jovens. O mais curioso é que eu encontrei pessoas dentro da morada real que sabiam ler, mas não sabiam escrever o próprio nome, como as mulheres, que se esforçavam para ler apenas a Bíblia em virtude de tradição religiosa. Não quero dizer que isso era ou é errado, aliás eu era muito disciplinado religiosamente falando. Então, o rei convocou-me para uma palestra particular e eu atendi, pensando se tratar de algum atendimento profissional. Porém, quando me apresentei, recebi a seguinte missão:

– Caro John, preciso que organize seu tempo para que venha aqui diariamente instruir meus filhos e criados a escreverem; em troca assinarei um decreto para que se instalem escolas primárias gratuitas por todo o reino, isso se por acaso você for bem-sucedido, é claro!

– Assim farei, senhor, mas não creio que o projeto de tantas escolas que citou será possível.

– E por que não?

– Receio que o principal motivo seja porque não temos tantos professores. Se contarmos todos os condados, deveríamos construir pelo menos 12 escolas, isso para dizer o mínimo, pois seriam necessárias muito mais.

– É desejo da rainha que após seu aprendizado ela mesma possa lecionar, além de minhas preciosas filhas e criadas. Creio eu que tais tarefas instrutivas se enquadrem melhor às mulheres. Sendo assim, se as formarmos, você terá mais tempo para se dedicar ao seu ofício principal, que é o da medicina, e cujo talento me servirá para um propósito maior.

– Agora minha motivação pelo ensino aumentou. Mas, desculpe-me pela curiosidade, qual seria o propósito?

– Quero nomeá-lo com o cargo de ministro da saúde durante meu reinado. Creio que a população sadia renderá mais lucros para a monarquia, concorda?

– Concordo, embora não tanto com o motivo, se me permite a franqueza. Mas de qualquer forma será uma honra.

– Assim será.

E assinou seu decreto diante do conselheiro visivelmente contrariado.

Foi dessa forma que a semeadura rendeu frutos riquíssimos naquele reinado, que há muito tempo foi extinto, porém o exemplo das escolas foi seguido por outros países do velho continente que estavam em desenvolvimento na época, e muitos deles existem até os dias atuais. Durante minha gestão no ministério da saúde, e é claro que não tinha este nome, pois ministério ainda não existia, já que éramos mais conselheiros do que ministros, pude realizar muitas obras de saneamento que melhoraram a vida dos mais pobres e humildes e até mesmo da monarquia, pois não ficavam mais aprisionados nos castelos com medo das moléstias mais comuns, que hoje são conhecidas como varíola, caxumba, febre tifoide, lepra, catapora, isso para citar as mais conhecidas, dentre outras piores, e que apenas recentemente foram descobertas as curas. Naquele remoto período, o que podíamos fazer era preparar ervas e banhos e prevenir, pois para muitas a cura total apenas com milagres, o que comumente ocorria comigo, mesmo após minha morte, tanto que a Igreja me beatificou. Mas não posso dizer meu verdadeiro nome, apenas se contentem com o nome sagrado, Iran Hirór, e não precisa de santo nenhum.

Quando parti daquele corpo pude vislumbrar o fogo suave e verde do Senhor IiÁ-Ór-Xóssi-Yê a queimar todo o continente com sua onda salutar da expansão e da sabedoria, eliminando dele a sombra da ignorância. Retornei à minha velha choupana satisfeito e em paz, e aguardei pela minha próxima missão.

Capítulo XI

A Evolução

Como disse antes, meu retorno à pátria espiritual se deu de forma suave e abençoada. Muitas almas se declinavam em gratidão pelos meus feitos de amor e compaixão. Como sempre, andei inquieto pela colônia depois de salutar repouso em minha velha choupana, que se apresentava ainda mais acolhedora, mas como a ociosidade nunca fez parte de mim procurei Narhoór e, quando o encontrei, fomos imediatamente participar de uma reunião com os mestres do oriente luminoso, para tratarmos da próxima missão que me aguardava na Terra. Depois de receber as diretrizes, parti novamente, dessa vez com a consciência mais leve do que de costume.

Avançamos até o ano de 956 d.C., onde retornei à carne em pele de um sacerdote maia, nas planícies de Iucatã, no México. Tudo era primitivo naquele povo e os sacrifícios se davam por qualquer motivo, principalmente por conta dos outros sumos sacerdotes. Eu não era muito a favor desses morticínios que julgava serem inúteis talvez por saber da existência de um Deus único soberano, conhecimento esse que estava enraizado em meu âmago, claro. Eu procurava explicações para os infortúnios nas estrelas e no clima, mas nunca na fúria dos deuses.

115

Entretanto, eu não podia demonstrar minha contrariedade em razão da minha posição na hierarquia daquele reino de mentes primitivas.

A destruição das terras se deu de forma violenta, pois as planícies não poderiam suportar tantos maus-tratos, mas o que se podia fazer? A seca já durava muitos anos e a fome começou a cobrar suas primeiras vítimas. O povo se revoltava contra o rei, que por sua vez não queria perder sua posição. Dessa forma, os sacrifícios foram se multiplicando de forma alarmante. Eu tentei explicar a verdadeira razão para toda aquela situação, mas não fui ouvido, e as pestes começaram a se alastrar em iguais proporções, não havia mais razões para crer em deuses inexistentes, mesmo assim os demais sacerdotes insistiam com essas bobagens.

Recorri intuitivamente às magias que evoquei em segredo e em rituais igualmente secretos, assim consegui socorrer o povo aflito, arrebanhando uma parte e conduzindo-os para outras terras mais sadias e férteis, onde as plantações cresceram e deram frutos abundantemente. O povo agradecido rendia graças a mim e me endeusou, mas eu expliquei com sabedoria que a abundância era nada mais que fruto do labor e da dedicação e que devíamos cuidar da terra para que ela sempre nos provesse os alimentos necessários, só que não foi fácil abrir a mente dos mais ignorantes. Depois de muitos sermões é que consegui fazê-los entender isso. Dessa forma, começamos a cultuar a Deus e agradecer pelas colheitas fartas, e a prosperidade se instalou generosamente.

Mas os remanescentes das outras terras, vendo toda aquela fartura, se encheram de inveja e trataram de invadir nossos domínios, liderados pelo antigo rei que reclamava sua posição. Muitas lutas inúteis se deram nos campos, não obstante minha orientação para que não houvesse reações. Nada adiantou. Novamente a ignorância e a maldade se instauraram no povo e a destruição voltou a mostrar suas garras. Os sacrifícios continuaram a molestar o povo. Mulheres virgens, recém-nascidos e daí por diante. Sem medir esforços as milícias inimigas do bem, incluindo as espirituais, nos atacavam e impediam a evolução da alegria e do bem.

A seca e a fome novamente tomaram o lugar da fartura.

Ali estava eu reunido com os algozes cegos que tentavam encontrar a solução para a fúria dos deuses e um dos sacerdotes sugeriu que eu deveria ser sacrificado, argumentando que se eu fora até ali e consegui bons plantios, então os deuses iriam se regozijar pelo meu sangue.

– Será possível que não percebem a idiotice de vocês? Não se trata de sacrifícios a este ou aquele deus, de nada vai adiantar se não cultivarem a terra com o devido respeito que ela merece. Parem e pensem. Quando deixei nossa antiga terra rodeada de pirâmides inúteis e vim para cá, tratamos nosso cultivo e semeamos na época certa, depois cuidamos para que outro plantio fosse feito sem prejudicar a terra. Este é o correto manuseio. Respeito pela Natureza, só isso. Sacrifícios não vão resolver.

– Ora, cale-se, seu covarde! Seus argumentos são inúteis, vamos oferecê-lo em sacrifício ao deus da chuva para que ele se alegre e nos envie suas lágrimas.

– Não me importo, se querem continuar com essas tolices vão em frente, mas, por favor, poupem as vidas dos inocentes, eu suplico. Se minha vida valer por eles, prossigam. Eu não temo a morte, pois sei que em algum lugar alguém me aguarda e me socorrerá.

– Seu infame, insolente... Como pode acreditar que há um deus superior a mim no Universo. Depois me diz que nós é que somos idiotas. Para a pira com ele antes do amanhecer – ordenou o rei furioso.

Sem dar ouvidos aos meus argumentos, eles me condenaram à morte e me atiraram no poço das águas ferventes.

Mas naquele instante, antes de meu corpo tocar as águas borbulhantes daquela fonte termal, uma chama violenta se fez sobre todo o céu, envolvendo todo o povo que se ajoelhou deslumbrado a me ver sair ileso do imenso poço. Num gesto com o braço direito erguido, proferi palavras mágicas e instantaneamente o céu se fechou sobre todos e uma grande tempestade se armou, com raios furiosos. Como o rei e seus sumos sacerdotes se encontravam em lugares mais altos, foram atingidos pela fúria dos relâmpagos e caíram mortos. Todo aquele lugar ficou inundado depois de dias e dias de chuvas incessantes.

O povo tratou logo de querer me endeusar, mas eu não permiti. Ordenei que buscassem outros lugares para viver e prosperar, pois ali não haveria mais vida.

Realmente, tudo ali se transformou em deserto infértil, a fim de que os sacrifícios de qualquer natureza fossem esquecidos para sempre.

Assim se deu a extinção daquela civilização ignorante. Quanto a mim... Voltei à pátria espiritual após algumas dezenas de anos de trabalho e dedicação aos irmãos menos afortunados. Mas, antes, tive que amargar algumas dezenas de anos no umbral da consciência intranquila, porque, afinal, até que eu me desse conta das besteiras que fiz como sumo sacerdote, muitas almas eu levei ao sacrifício desnecessário, e isso não passou em branco ante a Lei Maior, que me puniu severamente.

Entretanto, após alguns anos na escuridão da própria alma, demonstrei arrependimento, então fui acolhido pelos companheiros guardiões e, a partir de então, me dediquei a auxiliar as almas ainda perdidas na ilusão dos sacrifícios, pois vagavam pelas trevas pensando que podiam interceder pelo antigo rei. Mas não foi uma missão fácil.

Depois de recobrar a consciência quando ainda estava sob a guarda de Sohrôr, em seu posto socorrista, e julgamos que não é necessário citar seu nome de trabalho, tratei de argumentar minha necessidade de resgatar meus antigos conterrâneos, a fim de libertá-los de seus sofrimentos.

– Como deseja fazer isto, caro Iran?

– Não sei. Só sei que daqui não sairei sem vê-los recuperados ou, pelo menos, acolhidos em algum posto socorrista.

– Muito bem então, mas teremos de pedir permissão de nossos superiores, pois não é uma tarefa que cabe a você executar.

– Vamos imediatamente conversar com Narhoór. Tenho certeza de que conseguiremos tal autorização.

– Não depende só de mim, filho!

Fiquei surpreso ao ver meu mestre ali, mas não quis demonstrar. Porém, o olhar denunciou meu sentimento.

– Estou tão habituado com esse ambiente quanto nosso irmão Sohrôr, Iran, não se espante com isso!

– É estranho vê-lo aqui.

– Ainda não viu nada, meu querido. Preciso ensiná-lo a andar por estas paragens negras e vastas. Irá se assustar com tanta imundície!

– Será um prazer conhecer mais sobre isso.

– Vamos, há alguém nos aguardando no portal. Ele poderá nos conceder a autorização de que necessitamos.

Em breves momentos já estávamos do outro lado diante de um emissário do alto. Sua forma era humanoide, mas era muito luminoso, de forma que não se podia identificá-lo claramente. A luz irradiada era marrom avermelhada muito intensa e não era possível olhar diretamente em seus olhos, pois neste ponto o foco luminoso era ainda mais forte. Do alto de sua cabeça um grande fecho se irradiava, ligando-o diretamente ao nosso mentor; era assim que ele se comunicava. Permanecemos prostrados diante dele, e como disse antes, sem lhe dirigir o olhar. O que descrevi nestas breves linhas é fruto de minhas reminiscências e que foi permitido lhes passar. Mas Narhoór se levantou e se transformou repentinamente num ser de idênticas formas, o que me deixou ainda mais admirado.

– Salve, senhor, é com grande respeito que estamos aqui para pleitear uma autorização para que meu filho possa resgatar algumas almas do umbral, o qual precisarei acompanhá-lo em razão de sua total inexperiência de ação neste campo.

Abro aqui um parêntese para reafirmar que tal diálogo se deu no dialeto da tradição, e não é possível, tampouco necessário, transcrevê-lo na íntegra.

– Narhoór, você sabe que isto não cabe a ele?

– Sim, eu sei, amado senhor. Contudo, não gostaria de perder a oportunidade de instruí-lo sobre o ambiente em questão. Creio que no futuro esse conhecimento será de suma importância.

Um silêncio apavorante se deu, eu precisava conseguir a permissão, mas o suspense tomou conta do ar, o que me deixou ainda mais ansioso, mesmo assim não ousei erguer a face, mantive-me respeitosamente cabisbaixo e calado.

– Filho Iran... – disse a entidade tocando minhas costas. – Levante-se e me responda.

– Sim, senhor!

– Sente-se preparado para ver o que irá ver? Tem a certeza do que pede ao seu Pai?

– Absoluta, senhor!

– Então, tem a nossa bênção, mas saiba que não há espaço para erros neste campo. Se errar, ficará aprisionado até que aprenda a se resignar e fazer apenas o que lhe é destinado. Entendeu bem?

– Sim, senhor.

Senti-me um pouco assustado com tais palavras; por que tanta cautela? Eu me perguntei sigilosamente.

– Você verá, Iran, aguarde! – respondeu Sohrôr em igual silêncio.

Retornamos ao posto do amigo guardião, onde recebi instruções de como funciona a lei do embaixo em seus vários níveis. Quais eram seus guardiões e como deveríamos nos dirigir a eles. Foi quando percebi a enrascada na qual me meti, mas não desisti. Após vários dias de aulas e uma demorada sabatina oral, recebi minha indumentária característica dos trabalhadores desse campo, e finalmente pudemos dar início ao meu intento.

A primeira leva se deu sem dificuldades, pois as almas infelizes estavam vagando a esmo pela vastidão. Nosso único empecilho foi identificá-las corretamente através de um sinal chamado "Crucis". É este sinal que diferencia as almas com relação ao povo ao qual pertenciam quando estavam em vida, e normalmente estas se agrupam instintivamente, e quase sempre há um que se diz líder. Bastou-nos então proceder com ordenações mágicas poderosas para os arrebanharmos sem resistência. Logo todos estavam recolhidos e foram encaminhados para a devida regeneração.

Meu maior desafio foi com relação ao líder, ou rei e seus pseudossacerdotes, que se julgavam magos. Eles foram aprisionados por guardiões severos que os puniam sem piedade. Toda a maldade perpetrada através dos sacrifícios impostos estava sendo drenada para que não lhes restasse nenhum resquício de lembrança dessas atrocidades. Mas até que isto ocorresse, a consciência lhes pesava tal como blocos gigantescos de mármore sobre os ombros. Notei através da visão que os espíritos condenados por eles em vida lhes atormentavam constantemente, consequentemente estavam aprisionados neles pelo ódio. Os pobres miseráveis estavam reduzidos ao nada. No momento em que os vi naquela condição rendi graças ao Pai por ter despertado a tempo de não sofrer o mesmo infortúnio. E mesmo assim ainda vaguei pelo umbral do arrependimento por muitos anos, imaginem então como eles estavam.

Sem temer, me dirigi ao chefe daquele ponto, que se apresentava de forma horrível, mas era só uma forma plasmada. Tratava-se do sétimo grau negativo do trono da fé, onde todos os condenados e enganadores religiosos vão parar, então não havia como os guardiões se apresentarem de outra forma, pois a Fé tem muitos inimigos.

– O que quer aqui? Não vejo em você a maldade, mas sei que este ambiente não lhe é apropriado – disse-me o maioral.

– Vim em missão de paz negociar o resgate daqueles infelizes e em nome do Senhor Iiór Nar Xang Houm Hir Marar-Yê.

– E por que acha que irei lhe entregar estes imbecis? Demorei muito para encontrá-los. Não lhes entregarei sem uma justa causa, nem mesmo o Senhor do mais alto poderá interceder por eles enquanto eu não lhes sugar cada gota de sangue derramado.

Nada disse, apenas fui reticente com o olhar, buscando argumentos inteligentes.

– Ora, ora... Sohrôr, mas que surpresa! E ainda vem acompanhado de Narhoór! A que devo a honra desta visita?

– Salve, senhor Luci-yê-fér, não viemos importuná-lo. Estamos apenas acompanhando nosso filho – respondeu meu mestre calmamente, mas eu não sabia que eles estavam ali.

– Este cavalheiro está me pedindo algo que está fora de seu alcance e infelizmente não poderei atendê-lo. Estes imundos que ele me pede são muito perigosos para que sejam liberados.

– Nós sabemos disso, e tenho certeza de que nosso protegido sabe desse fato. Mas gostaria de lhe apresentar este roteiro, nele consta a única e principal justificativa para que eles sejam liberados.

O guardião pegou o pesado pergaminho e o leu rapidamente, depois decretou.

– Eu os liberarei, tem minha palavra. Contudo, pelo que vejo aqui, eles ainda têm pelo menos 50 anos, até lá eles permanecerão como estão. Quando for o tempo, venha buscá-los, Sohrôr, não mande emissários. Não fosse minha visão apurada ele estaria enrascado. Meus serviçais não gostam de perder uma oportunidade como esta. Saiba disto, senhor...

– Iran, meu nome é Iran Hirór!

– Pois bem, senhor Iran, saiba que em ambientes como este não se entra desarmado e as armas necessárias só a Lei Suprema pode lhe conceder. E outra coisa, não repita mais seu nome, utilize outro, se quiser se dar bem.

– Agradeço por suas instruções e por me poupar. Tomarei mais cuidado se por acaso algum dia tiver que vir aqui.

Despedi-me e saí dali tão rápido quanto entrei. Até aquele dia eu jamais havia imaginado que as coisas embaixo eram tão arriscadas e complicadas. Mas hoje sou licenciado pela Lei Maior para adentrar em qualquer lugar nos sete graus do embaixo; por isso sou igual meu mestre Narhoór, que é um chefe de falange de um dos sete tronos de Zé Pelintra, porém com o nome de Sete Queimadas. O meu grau e seus 77 degraus estão assentados no quarto trono do Senhor Narhoór. Só para deixar registrado, em caso de a curiosidade lhes bater.

Retomando nossa saga, senti-me satisfeito e depois disso retornei para a velha choupana, onde me refiz do cansaço pelo trabalho duro nos umbrais alheios.

Quando notei que a marca sagrada do Cruzeiro havia sido marcada no peito, já não tão juvenil, revendo minha missão, falei ao mestre que, porventura, estava a me visitar:

– Senhor Narhoór, às vezes penso que algumas histórias se parecem com lendas, mas...

– Mas o que, filho?

– Como será que se lembrarão desta minha última passagem naquele deserto?

– Creio que será esquecido com o passar dos anos, não se preocupe.

– Não quis dizer que estou preocupado com isso. Eu já fui um santo, creio que ser um deus seria demais para uma pobre alma como a minha.

O mestre nada disse, apenas gargalhou e eu o acompanhei alegremente.

– Descanse um pouco, Iran, quando estiver melhor vamos tratar de sua próxima tarefa.

Nos dias atuais apenas algumas aldeias ainda cultivam rituais tradicionais, passados de geração em geração, contando estas passagens como se fossem lendas, alguns até atribuíram o surgimento de um rio graças ao advento das tempestades que o deus do trovão, uma alusão ao meu personagem, que se enfureceu com o rei, e assim por diante. Não me importo com isso, pois sei que um dia essas lendas se perderão no esquecimento da evolução humana.

Capítulo XII

A Geração

Com os planos traçados novamente pelos superiores do grande oriente luminoso, voltava eu à vida terrena, mas desta vez tive que encarar três encarnações para concluir a missão.

Na primeira delas, levei alento e esperança aos irmãos de raça, auxiliando como podia e carregando o fardo de ser um Babalorixá do culto da nação de Xangô, embora não tivesse esse exato nome, mas eu prefiro simplificar. Meu nome era Owamazi, que era uma alusão ao filho primogênito, e fui iniciado desde criança nas lendas que permeavam a religião cultuada na época. Meu velho pai fazia questão disso e quando ele partiu para junto de nossos ancestrais, essa era nossa crença, eu assumi seu posto na aldeia, mas ainda era jovem e, não obstante esse fato, eu já demonstrava grande sabedoria. Tinha o dom da vidência e clarividência, era bom orientador e muito alegre, embora as condições miseráveis do lugar inspirassem o contrário.

Nunca me interessei muito pelas mulheres, mas a tradição exigia que eu me casasse, o que aconteceu tão brevemente que até me espantei. Mas isso era necessário para que a tradição não se perdesse pelo esquecimento, o que nos dias atuais não podemos verificar, não é mesmo? Não fossem os rituais afros realizados em suas várias vertentes e regiões da Terra, que obviamente não podemos comparar com os do passado já bem longínquo, tudo seria apenas lendas inúteis e retrógradas. Eu não podia concordar com o fato de ter filhos numa terra tão miserável, já que a mente jovial e revoltada não sustentava que a condição humana pudesse ser tão reduzida e que as criancinhas não mereciam aquele castigo. Mesmo assim tive três filhos, dois varões e uma moça tão linda quanto à mãe, que se orgulhava de meus feitos.

Novamente me vi às voltas com os sacrifícios, desta vez apenas de animais. Mesmo assim eram vidas ceifadas. Muitos animais eram criados apenas com esta finalidade e eu era constantemente presenteado com galinhas, porcos, cães e até cavalos, e assim minha aldeia vivia repleta desses animais que eu tratava como sendo de estimação.

Certa ocasião fui oferendar a casa do guardião, para quem não sabe estas normalmente tinham uma forma fálica, e cortei um galo com dor no coração, pois era um macho muito belo, e ouvi bem lá no fundo uma voz gutural e tônica me dizer:

– Não preciso desse sangue, apenas da fé. Se não a tem, é melhor que seus animais fiquem vivos ou que sirvam de alimento para seus semelhantes.

– Quem é você? – perguntei receoso.

– Um velho amigo! Ora, para quem está oferendando esta ave? Ou melhor, para quem construiu esta edícula ridícula?

– Se está assentado nela por muito tempo, sabe então que não fui eu quem a fez, mas meus ancestrais.

– Devia dar nova forma a ela, pois não me agrada ficar guardando esta aldeia sentado sobre este falo malcheiroso e todo sujo.

– Nossa aldeia sofre com a seca, amigo. Pode nos ajudar? Claro que a linguagem não era tão rebuscada, mas se conseguirem ler deixo uma pequena amostra: "**Ehlupheka yakithi ngumngane nesomiso engasisiza?**".

– Isso não cabe a mim, Owamazi, mas ao Criador. Tua missão é consolar esse povo e reconduzi-lo ao caminho. Da minha parte estarei sempre ao seu lado, haja o que houver, como sempre foi.

Resignei-me desde então. Não mais me prestei a sacrificar animais sob nenhuma circunstância ou argumento. Segui as instruções do amado guardião, refiz a tronqueira e a revesti com barro, depois a mantive sempre limpa. Apenas recorria à magia e aos encantamentos utilizando-me de ervas e de outros elementos naturais para curar doenças e ferimentos que eram abundantes. Nosso organismo físico estava habituado às bactérias existentes na pouca água de que dispúnhamos, e também no leite das cabras e vacas maltratadas e magérrimas que tínhamos.

Além desse terror todo da seca, ainda era preciso lidar com as feras como leões e outros predadores que sempre atacavam os rebanhos. Era muito doloroso ouvir os rugidos tempestuosos durante a noite, e ao despertar ainda ver os urubus revoando por toda parte, tentando devorar o que restava da matança noturna. Nossos vigilantes não podiam fazer muita coisa, a não ser gritar, mas não adiantava. Nossa única defesa era atacar as feras e matá-las, o que era uma pena.

Apesar das dificuldades, vez ou outra eu organizava festas em homenagem ao "òrisá" regente de nossa ancestralidade, com fartura de carnes e sempre alguém era "iniciado no santo", ritual esse muito semelhante ao que conhecem nos dias atuais. Esses rituais nos serviam de alento para nossas almas cansadas de tanto sofrimento e privações. A alegria renascia como se fosse por encanto e a festança se estendia por dias, com danças e batuques ao redor das fogueiras. E foi numa dessas festas que me vi tomado pelo espírito do fogo, como se eu fizesse parte dele, mas não sentia calor, ao contrário, era agradável e consolador. Em cada um que tocava parecia que um peso enorme lhe saía dos ombros e eles dançavam cada vez mais frenéticos, mas não viam o fogo, apenas sentiam o calor que emanava de minha destra. Ao término das consagrações e festas, me vi montando num cavalo de chamas azuis avermelhadas e me retirando sem olhar para trás.

– O que será que foi isso? Um sonho? – perguntei-me receoso.

Diante deste cenário paupérrimo e apesar das dificuldades, consegui sobreviver até os 61 anos de idade e só sucumbi ante o suicídio por ver minha companheira e a filhinha querida, juntamente com meu neto, se entregarem à fome e morrerem. O coração negro e fraco se acovardou finalmente.

Depois de muitos anos de lamentações aprisionado em minha própria consciência no vale dos suicidas, fui socorrido por Sohrôr, que me auxiliou, me tirou daquele estado letárgico de indignação e depois me conduziu ao posto socorrista longe do inferno a que me submeti. Nele passei por um longo período de refazimento até recobrar minha memória e meu estado espiritual sadio. Mas não me furtei de buscar minha antiga esposa, a filha e o netinho.

– Por que se preocupa tanto com eles, Iran, desta forma só irá atrasar sua evolução espiritual. Parece que não sabe que para tudo há um propósito divino. O Pai Celeste jamais deixaria sua antiga companheira perecer em lugar inseguro. Tenha a certeza de que eles estão numa das moradas do Pai.

– Eu sei, mestre! Mesmo assim queria vê-los novamente!

– Isso se dará em breve, não se preocupe.

– Gostaria, então, de que intercedesse por mim, pois desejo retomar a missão que assumi, e desta vez levarei a termo, custe o que custar.

– Tem certeza?

– Absoluta. O senhor me conhece como ninguém e sabe que não vacilo em minhas afirmações.

– Será arranjado, pois há alguns resgates do passado que devem ser passados a limpo e o tempo chegou. Creio que esta será a melhor oportunidade. Portanto, prepare-se na fé e na oração, fortaleça seu coração, filho. Desta vez eu mesmo estarei ao seu lado. Sempre estive, mas será diferente, eu garanto.

Vim a nascer novamente no porão sujo de uma nau que atravessava o Oceano Atlântico para aportar no Brasil. Minha mãe foi capturada grávida, juntamente com todos os irmãos de sua aldeia da África central. Heroicamente, ela conseguiu fazer com que eu sobrevivesse, não obstante as condições precárias de higiene a que foi forçadamente submetida. Ela se dizia esposa do babalaô e exigia respeito, mas só ganhava chibatadas em troca, já que os algozes nada entendiam de seu dialeto bantu, tudo que ouviam eram apenas gritos sem sentido. Talvez para preservar sua gravidez, mamãe se calou, demonstrando resignação. Chegando aqui, ela foi levada aos campos de cana de uma fazenda latifundiária do sertão nordestino, mais precisamente no Estado de Pernambuco, juntamente com outros 50 escravos. Foi lá que nasci e me desenvolvi.

Ainda moleque eu me mostrava sempre bondoso e solícito. Não abria mão de ajudar a quem quer que fosse. Com os dons herdados de papai, priorizei a criação dos primeiros cultos de Candomblé no Brasil, mas esse ainda não era o nome da religião. Aprendi a ler os ifás e suas lendas no pouco tempo que restava durante as noites na senzala. N'jila, esse era o nome de mamãe (pronuncia-se "Nágila"), me ensinava com carinho o que aprendera com seu marido, que foi morto ante os ataques dos mandingas. Isso não era permitido às mulheres, segundo a tradição religiosa, mas, talvez por papai saber de seu destino, ele tratou de ensinar tudo para mamãe, para que sua sabedoria não ficasse perdida no esquecimento. Esse foi o primeiro resgate cármico desta passagem encarnatória, pois papai fora um dos seis sumos sacerdotes no passado maia, juntamente com a esposa, que foi uma das virgens condenadas por ele ao sacrifício. Os dois se amavam muito, e deste reencontro eu fui gerado. Cresci sob a vigilância rígida dos afamados mandingas, que se revestiam de patuás e pareciam soldados de pedra, inertes sob o sol escaldante, o que me fazia rir. Não sei como suportavam aquele calor dentro de tantas roupas de linho grossas e fedidas.

A bondade fazia parte de mim e eu atendia com alegria quem me procurasse seja lá qual fosse o motivo. Até mesmo os brancos procuravam meus préstimos para se curarem ou se aliviarem de suas dores e moléstias.

Apesar das constantes humilhações, eu vivia sempre rindo, mesmo após a morte de minha mãe N'jila. Claro que fiquei triste por alguns dias, mas não me deixei abater, a sabedoria dos longos anos de vida espiritual não me permitiu outro comportamento que não o da alegria. Ela fazia parte de mim, como é até hoje e sempre será. Dirigi nossos cultos tomando por base a orientação de outros irmãos de raça, mas isso é conhecido por vocês, pois muitos estudiosos e historiadores já revelaram, deixo esse depoimento apenas para que fique registrado. Vivia sempre com um sorriso largo e alvo no rosto negro e enrugado, castigado pelo sol que não dava trégua. Então, parti para o

Capítulo XII

plano espiritual com pouco menos de 70 anos, quando estava no corte de cana, intoxicado pela fumaça característica dessas colheitas. Os mais novos conseguiam correr, mas nós velhos normalmente sucumbíamos ante o fogo.

Mas não desisti.

Renasci no mesmo ambiente nordestino por volta de 1707, onde fui acolhido por uma família de 11 irmãos. Como de costume, eu vivia sempre alegre e resignado. Trabalhava no plantio e corte de cana com papai, que era um homem forte e muito sério. Tratava-se de um de meus algozes do passado que devia aprender muito sobre a resignação e o trabalho, mas isso é outro caso.

Eu não abria mão do auxílio ao próximo, tanto que certa vez eu avistei uma senhora aparentemente viúva com seus filhos na beira da estrada e dei a ela a porção da ração que carregava comigo, pois sabia que ela estava condenada à morte, já que não podia produzir porque os filhinhos requeriam sua atenção integral e os senhores feudais não eram complacentes neste sentido. Os olhos de gratidão da mulher brilharam em meu coração e eu jamais os esqueci. Mas ao meio-dia a fome cobrou seu preço e eu, como não tinha nada para comer, cortei um pequeno pedaço de cana para tapear o estômago vazio. Isso não passou em branco. Um dos capatazes da fazenda me viu e correu a delatar meu ato ao senhorio, que não hesitou em me castigar com longos e doloridos três dias dependurado no tronco, levando 30 chibatadas diárias, para servir como exemplo para que os outros não fizessem o mesmo. Este senhorio era ninguém menos que o antigo rei maia, o mesmo que me condenara ao sacrifício nos remotos tempos da alma imortal. Nesses dias de dores lancinantes nas costas, novamente me vi envolvido pelo fogo, exatamente igual a muitas outras vezes.

Parecia mesmo que as chamas faziam parte de mim e estranhamente me traziam alívio e as dores da pele castigada sumiram. Dessa forma, mesmo no tronco eu sorria, como se estivesse satisfeito com aquele castigo.

Foi aí que tomei contato ainda novo com um culto, futuramente denominado de catimbó e me apaixonei. Fazendo-me valer de meus dons mediúnicos, não faltava em nenhuma roda e logo me tornei um dirigente. Pus-me a trabalhar com afinco no auxílio ao próximo. Minhas rezas eram sempre atendidas e muitas curas eu realizava, sempre com o auxílio do mentor que se apresentou com a distinta alcunha de "Mestre Zé Pelintra". Ele irradiava seus poderes através de meu campo mediúnico, por orientação do alto, e incorporava em mim durante os trabalhos ao redor da jurema sagrada. Meus feitos tomaram um vulto que eu mesmo não fazia ideia até aonde chegara.

Eu formei minha própria família e gerei muitos filhos, todos eles com alguma ligação com o passado, que deviam expiar seus erros e corrigi-los.

Até que um dia o próprio fazendeiro caiu enfermo e quando se esgotaram todos os recursos da medicina tradicional existente e ainda um tanto limitada, solicitaram minha presença na sede da fazenda. Eu atendi o chamado imediatamente sem me lamentar. Ali estava eu ante o algoz do passado, pois, além de ser o homem que havia me condenado ao tronco, era o mesmo rei maia. Mais uma vez o perdão se deu, e a paz foi gerada a partir de meu coração em soluços de emoção ao ver aquele homem moribundo e raquítico implorando pela vida. Foi como tirá-lo daquele antro da escuridão, sob a tutela do senhor guardião Luci-yê-fér. Tratei o patrão com dedicação, fé e muito amor. Até que ele foi curado através da influência benigna de Narhoór, que nunca me abandonou, ou Mestre

Zé Pelintra. Assim os grilhões pesados do ódio foram definitivamente quebrados e o amor foi gerado no coração daquele pobre infeliz.

Demonstrando gratidão, o coronel concedeu-me a carta de alforria e para minha família. Depois também me deu a posse do terreno que eu utilizava para realizar meus atendimentos e trabalhos e ainda um terno de fino linho riscado, com um chapéu de feltro preto. Eu me tornei um negro bem conceituado em toda a região e realizei tantos feitos que não serão esquecidos tão cedo.

Depois de longos anos dedicados ao labor na senda divina eu desencarnei e fui recepcionado com honras novamente e com a consciência mais tranquila. Mais uma vez me vislumbrei na imagem de um cavaleiro ígneo montado em meu cavalo, me despedindo da carne sem olhar para trás. Apenas um leve sorriso de satisfação eu esbocei, quando em minha retaguarda uma luz intensa do fogo azul-celeste e cristalino se fez e envolveu todo o lugar com suas chamas suaves da Geração. Assim, a Senhora Iiá-Yhier Manj Iiar-Yê e seu Guardião Sagrado me presentearam com sua estrela sagrada.

Capítulo XIII

A Fé

Sentado naquela pedra à beira-mar, não queria deixar escapar nenhum detalhe de minhas reminiscências pretéritas. Foram tantas travessuras nas tantas vidas que atravessei que seria praticamente impossível relatá-las. Mas são os momentos alegres que nos impulsionam a crer na alegria e fomentar que tudo passará e nenhuma dificuldade, por pior que ela seja, durará para sempre. O coração espiritual, apesar de velho, sempre amará viver, ainda que por breves anos, as delícias da infância inocente e da juventude desvairada e inconsequente. Minhas lágrimas se misturavam no rosto em alegres risadas e tristes aflições.

Abri o manto que recobria o peito e admirei meus símbolos sagrados, frutos dos méritos alcançados. Mas e o da Fé? Esta marca eu ainda não tinha. Então, me pus a meditar sobre isso.

Narhoór, que secretamente estava em minha companhia, certamente ouvia minhas conjecturas íntimas, como a querer descobrir o que me afligia.

– Por que se preocupa com isso, filho? Já viveu tantas aventuras que pensei que soubesse como este último mérito se dará.

– Ainda não descobri, mestre. Mas não estou preocupado, pois sei que no tempo certo eu serei informado. Seja como for, quero estar preparado.

– É breve o tempo que irá conhecer esta missão, meu querido Iran!

– Mestre, será que o peso desta última cruz é mais leve que os outros?

– Não posso responder a isso, somente você poderá saber!

– Acho que vou retornar ao trabalho, esta ociosidade me deixará ansioso. Já estou aqui há muito tempo, preciso ver como estão meus pacientes espirituais.

– Excelente observação, filho, partindo do princípio que o amor e o trabalho são os melhores alimentos para a alma. Bendito seja você.

– Não, amado mestre... Bendito seja Deus que me permitiu vivenciar tudo ao seu lado. Graças darei a Ele por toda a eternidade.

Retomei minhas atividades de reparação das almas recolhidas em meu posto socorrista com dedicação e desprendimento.

Aliciei novos serviçais para a tarefa e os treinei para poderem entrar nos mais variados campos do embaixo, assim como eu.

Já tinha minha vestimenta espiritual adequada para tais trabalhos e estava habituado aos mais diversos ambientes, desde os mais densos e perversos, como os mais brandos. Quando recebo a incumbência de resgatar alguma alma, monto em meu cavalo de fogo e quase sempre sou bem-

-sucedido. Digo quase, porque a lei que rege o embaixo advém dos guardiões ali assentados pela Lei Maior e são eles que determinam quem pode e quem não pode ser tirado de seus domínios sem uma justa e expressa ordem superior. Mas com minha capacidade de argumentos e negociações, é muito difícil sair sem alcançar meu intento. A maioria dos companheiros astrais, quando vê o cavaleiro do fogo se aproximando, sabe que a contenda vai ser um tanto acirrada.

A magia de baiano é assim. Não é só Zé Pelintra que tem o distinto dom de entrar onde quer e sair ileso. Que isto fique registrado com clareza, pois não desejo me revestir da soberba, é um dom comum a todos que detêm o conhecimento dos Orixás e seus mistérios sagrados.

Assim muitos anos se passaram entre meus trabalhos na colônia, as expedições de resgate e o auxílio ao meu filho protegido na Terra, que também era o chefe de um culto de pajelança do interior do Brasil. Eu o assistia como podia, sem medir esforços, porém a humanidade caminhava a passos largos rumo ao abismo e as almas perdidas fugiram do controle. Como se já não bastassem a fome e a miséria advindas do desenvolvimento industrial em todas as suas vertentes assombrosas, ainda tínhamos de lidar com as lideranças malignas dos tempos da inquisição, as quais foram uma mancha negra marcada nos corações. E o ódio por ela semeado cravava suas garras nos mais puros seres e até hoje se pode observar os morticínios terríveis que tais insanidades proporcionaram. Dessa forma nasceu um anticristo perverso, que com seus dons malignos da palavra levou toda uma civilização à quase total extinção. O nazismo não deixou suas cicatrizes somente na Terra, mas em todo o plano espiritual e numa escala tão grande que é impossível mensurar. Muitos líderes hipócritas e perversos surgiram então, mas posso assegurar que a missão deles não era a de julgar e punir, e sim conduzir seus povos à libertação.

Tal quadro levou os líderes do alto, do altíssimo, a organizarem as religiões, não só a Umbanda, que como sabem é única religião baseada na Tradição, tão antiga quanto a existência humana.

Finalmente, a Umbanda foi iniciada no Brasil da maneira como já conhecem. Eu não quero lhes confundir, mas, para não passar em branco, registro que outros seis filhos, em regiões diferentes deste amado país, também fizeram parte da inauguração no mesmo dia 15 de novembro de 1908 e em sincronia absoluta.

Foi aí que minha tarefa foi revelada finalmente.

– Salve, Iran Hirór, que a paz de Deus lhe seja bendita!

– Salve, mestre querido. A quem devo a honra de tão iluminada alma em meu humilde posto.

– Receio que terá de deixar este posto em breves dias. Mas vamos confirmar com os mestres do oriente luminoso.

– Quando?

– Se não se importa, agora mesmo!

– De maneira alguma. Mihail, tome conta de nossos enfermos, ficarei ausente por um tempo, mas tentarei ser breve.

– Sim, mestre Hirór. Vá em paz!

Plasmei meu antigo manto vermelho e amarelo, e meu terno de linho com lenço na lapela, com chapéu fino e bem cuidado e partimos.

Narhoór estranhou minha indumentária e riu calmo:

– Para que todo esse luxo, Iran?

– Gosto destas vestes e de me apresentar assim, mestre. Sinto-me bem com ela, creio até que se alma tivesse cor eu queria ser negro! – e ri também.

Como sempre, chegamos rapidamente e entramos no enorme salão com grande respeito, pois ali estavam entidades do mais alto dos céus. Então, prostrei e me senti envergonhado com toda a pompa de minha indumentária. Imediatamente plasmei um manto de linho bem simples, adornado com alguns traços vermelhos. Depois das orações e considerações costumeiras, o dirigente fez uma breve chamada para se certificar de que todos os convocados estavam presentes e deu início à reunião que durou vários dias, entre pausas, nas quais podíamos discutir sobre a relevância de nossos trabalhos na recém-implantada religião.

Naquele ponto evolutivo, a linha de baianos ainda não estava bem definida, pois era prioritário que se tivesse primeiro a imagem positiva da religião. Portanto, apenas os amados senhores Caboclos e os Pretos-velhos eram evocados nas reuniões, ou engiras. Gradativamente, com a sabedoria e paciência, a linha de Exus foi apresentada como sendo de suma importância para o equilíbrio dos trabalhos. Foi neste ponto que eu e a maioria dos irmãos da mesma egrégora ingressamos nos cultos. Pois a maioria dos senhores do embaixo ainda não possuía o conhecimento completo dos mistérios da incorporação.

Assim, meus primeiros contatos com a Umbanda se deram como Exu Sete Queimadas. Mas para quebrar este preconceito foi preciso muito trabalho sério e relatórios intermináveis aos Mestres do oriente luminoso.

Narhoór se desdobrava em incansáveis excursões aos templos sob sua tutela e expedia ordens de toda natureza, de forma que toda a espiritualidade estava engajada na árdua tarefa de resgate das almas caídas e algemadas pelo ódio. Sem contar os ataques constantes dos inimigos que se travestiam de servidores benignos, com o único intuito de arrebanhar seus condenados ao aprisco do sofrimento. Esses eram combatidos rigorosamente, mas quem os alimentava era justamente o ser humano vivente, que ainda não aprendeu a apagar de si a maldade em todas as suas vertentes. Quanto sofrimento terão de passar para que o mal finalmente sucumba? Mas que esse foi e ainda é o melhor mecanismo de resgate das vítimas infinitas das imundícies causadas pelas insanidades humanas, isso foi.

Nessa tarefa socorrista eu permaneci até recentemente, e então meu filho ingressou na carne e, graças aos amados pais, foi educado na religião e se tornou um sacerdote, como era de meu feitio.

Eis que então minha última tarefa está sendo executada. Na linha de baianos, apresento-me como Sete Queimadas e conduzo meus filhos nos caminhos da Fé, pois esta é a derradeira tarefa. E espero não ficar desapontado, mas o perdão faz parte de mim e, se não for nesta vida, será em outra. Tempo é o que não falta.

Então, me verei novamente montado triunfante em meu cavalo de fogo a lhes sorrir, despedindo-me com um leve sorriso, vendo a chama suave da Fé lhes tocar o coração e lhes conduzir ao aprisco sereno do Pai Maior, que os aguardará paciente em uma de suas infinitas moradas. Essa é minha promessa, para honra e glória do Senhor do mais alto dos céus.

Na Fé...

MADRAS® Editora
CADASTRO/MALA DIRETA

Envie este cadastro preenchido e passará a receber informações dos nossos lançamentos, nas áreas que determinar.

Nome_____

RG_____ CPF_____

Endereço Residencial _____

Bairro _____Cidade_____ Estado_____

CEP_____Fone_____

E-mail _____

Sexo ❑ Fem. ❑ Masc.   Nascimento_____

Profissão _____ Escolaridade (Nível/Curso)_____

Você compra livros:

❑ livrarias   ❑ feiras   ❑ telefone   ❑ Sedex livro (reembolso postal mais rápido)

❑ outros:_____

Quais os tipos de literatura que você lê:

❑ Jurídicos   ❑ Pedagogia   ❑ Business   ❑ Romances/espíritas

❑ Esoterismo   ❑ Psicologia   ❑ Saúde   ❑ Espíritas/doutrinas

❑ Bruxaria   ❑ Autoajuda   ❑ Maçonaria   ❑ Outros:

Qual a sua opinião a respeito desta obra?_____

_____

Indique amigos que gostariam de receber MALA DIRETA:

Nome_____

Endereço Residencial _____

Bairro _____Cidade_____ CEP _____

Nome do livro adquirido: SETE QUEIMADAS

_____

Para receber catálogos, lista de preços e outras informações, escreva para:

MADRAS EDITORA LTDA.
Rua Paulo Gonçalves, 88 – Santana – 02403-020 – São Paulo/SP
Caixa Postal 12183 – CEP 02013-970 – SP
Tel.: (11) 2281-5555 – Fax.:(11) 2959-3090
www.madras.com.br

MADRAS®
Editora

Para mais informações sobre a Madras Editora, sua história no mercado editorial
e seu catálogo de títulos publicados:

Entre e cadastre-se no site:

www.madras.com.br

Para mensagens, parcerias, sugestões e dúvidas, mande-nos um e-mail:

marketing@madras.com.br

SAIBA MAIS

Saiba mais sobre nossos lançamentos, autores e eventos seguindo-nos no facebook e twitter:

@madrased

/madraseditora